体育赛事管理实务

王玉斌　陈秀花　李民桂　主　编

陈玉璞　盖　洋　副主编

北京体育大学出版社

策划编辑： 韩培付　史仲华
责任编辑： 米　安
责任校对： 仝杨杨
版式设计： 李　鹤

图书在版编目（CIP）数据

体育赛事管理实务 / 王玉斌，陈秀花，李民桂主编.
北京 ： 北京体育大学出版社，2024. 7（2025. 1 重印）.
ISBN 978-7-5644-4151-7

Ⅰ. G808.22

中国国家版本馆CIP数据核字第2024WE8589号

体育赛事管理实务
TIYU SAISHI GUANLI SHIWU
王玉斌　陈秀花　李民桂　主编

出版发行： 北京体育大学出版社
地　　址： 北京市海淀区农大南路1号院2号楼2层办公B-212
邮　　编： 100084
网　　址： http://cbs.bsu.edu.cn
发 行 部： 010-62989320
邮 购 部： 北京体育大学出版社读者服务部 010-62989432
印　　刷： 河北鸿运腾达印刷有限公司
开　　本： 787mm × 1092mm　　1/16
成品尺寸： 185mm × 260mm
印　　张： 11
字　　数： 249千字
版　　次： 2024年7月第1版
印　　次： 2025年1月第2次印刷
定　　价： 48.00元

编委会

主　编

王玉斌（山西体育职业学院）

陈秀花（山西体育职业学院）

李民桂（福建体育职业技术学院）

副主编

陈玉璞（山西传媒学院）

盖　洋（北京体育职业学院）

前言

党的二十大明确提出加快建设体育强国的任务要求。学习贯彻习近平总书记关于加快建设体育强国的重要论述，是当前和今后一个时期全党全国的重要任务，是体育战线一切工作的主线。要想让体育工作全方位融入国家发展大局，需要体育各领域实现协同发展。体育产业的发展是连接各领域协同发展之关键，丰富体育产品和服务供给，促进体育市场繁荣发展，发展体育市场促进人民生活品质的提高，成为高职体育院校培养体育人才的重要方向。

随着我国经济的高速发展和人民生活水平的日益提高，体育赛事作为体育市场的重要组成部分，成为一项非常普及的社会活动。其不仅能弘扬中华体育精神，全面提高我国竞技体育实力，还能促进青少年体育工作，推动体育产业高质量发展。例如，2008年北京奥运会和2022年北京冬奥会的成功举办，以及在刚刚结束的2024年巴黎奥运会上我国运动员的精彩表现，除了进一步展示我国形象，增强我国软实力和国际影响力之外，也极大地激发了全民健身、全民参与体育赛事、全民关注体育赛事的热情。我国已经步入体育赛事迅猛发展的黄金时期，成功地组织与运作各类体育赛事能够满足人民群众对高水平竞赛产品的精神文化需求，促进大众体育消费的增长，对国民经济的快速发展具有推动作用。体育赛事已成为具有重要的社会、经济与文化意义的事件。因此，为适应体育赛事对人才发展的需要，全国各体育职业学院、高职院校体育专业相继开设了体育赛事管理等相关课程。编写一本体现职业性、实用性、科学性、系统性的体育赛事组织与管理教材，对完善高等职业体育教育课程体系，加快体育赛事专业人才的培养具有重要意义。

本教材遵循高职教育“以促进就业为导向”的教育理念，按照“能力本位”的原则，从高职体育院校的实际教学需要出发，遵循新型人才培养目标，根据我国高职教育改革方案中“四个融合”理念，在体育产业人才的培养中渗透课程融合、专业融合、理论实践融合以及校企融合等内容，以适应时代发展和社会需要。本教材分为八大教学模块，即体育赛事概述、体育赛事战略规划和计划、体育赛事营销与推广、体育赛事人力资源管理、体育赛事风险管理、体育赛事财务管理、体育赛事竞赛过程管理以及体育赛事结束工作管理。在形式上，本教材按照“教学提示”“模块概要”“拓展阅读”“思政园地”“案例简析”“实训项目”的框架对教学内容及教学过程进行编排，做到知识以“够用必需”为度，突出学生对体育赛事管理实务的掌握，同时强化学生的组织与管理职业技能，充分体现了体育赛事管理课程的重点和体育职业教学的特色。

本教材主要具有以下特点：

第一，设置“思政园地”等特色内容，并配备“微课”等电子资源，建设新形态一体化教材。“思政园地”的加入为建构课程思政理念与体育专业课程建设同向共行提供了可能，可以实现知识的传递和价值观的传承。“微课”是一种新的教学载体，包括省级精品课程在内的微课展示可以有效促进学生自主学习。另外，本教材为所有的“案例简析”“实训项目”提供了解析，为学生及时纠偏和顺利完成实践任务提供指导和帮助。

第二，与体育赛事工作实际紧密结合。本教材在分析体育赛事管理工作任务的基础上，以体育赛事管理的主要工作目标为导向，将体育赛事组织与管理各阶段的主要职能作为主要教学内容，充分体现了与体育赛事工作实际相结合的特点。

第三，以工作过程为导向。本教材以体育赛事组织与管理的工作过程为导向，设计了八个模块，并以工作任务为载体，突出对学生体育赛事组织与管理职业技能的锻炼，真正体现了以“学生为主体”“教、学、做一体”“工学结合”的体育职业教育理念。

第四，以练为主，任务驱动，强化学生体育赛事组织与管理的职业技能。本教材根据体育赛事组织与管理的工作要求组织编写，将工作内容设计成不同的工作任务，通过“案例简析”“实训项目”模块，使学生在任务驱动下自主学习，以练为主，达到提高学生体育赛事组织与管理职业技能的目的。

本教材撰写团队成员均为具有副教授职称的高校教师，由王玉斌、陈秀花、李民桂担任主编，王玉斌副教授负责定稿，陈秀花副教授负责统稿，李民桂副教授负责完善编写体例。其中，王玉斌老师撰写模块二、模块三，陈秀花老师撰写模块六、模块八，李民桂老师撰写模块一、模块四，陈玉璞老师撰写模块五，盖洋老师撰写模块七。

感谢山西体育职业学院郭蓉蓉老师在统稿和第二届青年运动会相关案例选取工作中的鼎力相助，感谢福建体育职业技术学院卓鹤洲、黄竞、许艳、林菲、欧阳翠云等5位老师提供的部分微课视频，他们为本教材的完成提供了许多重要的支持。参与教材编写的教师都具有多年“体育赛事组织与管理”课程的教学经验，对高职体育教育有深入的研究和独到的见解，具有丰富的实践管理经验。因此，本教材内容的选取比较全面，层次递进合理，深浅有度，不仅适合高职高专体育院校学生学习，也可供体育赛事管理工作人员参考使用。

在编写本教材的过程中，我们参阅了大量国内外有关体育赛事的文献和资料，并且获得了国家体育总局科教司教育处、北京体育大学出版社、山西体育职业学院及兄弟院校的大力支持，在此谨表示我们诚挚的谢意。由于编者水平有限，书中若出现疏漏，恳请广大读者和同行给予批评与指正，编者不胜感激！

CONTENTS 目录

模块一　体育赛事概述

教学提示

1. 体育赛事的概念；
2. 体育赛事的特征；
3. 体育赛事的价值；
4. 体育赛事运作管理的含义；
5. 体育赛事运作管理的过程。

模块概要

体育赛事是随着社会的发展而产生并发展起来的。在发展的过程中，受社会、文化和经济发展的影响，体育赛事的内容、形式、功能以及运作方式等方面都在不断地发生变化。1984 年洛杉矶奥运会上，彼得·尤伯罗斯首创了奥运会商业运作的私营模式，促进了奥运经济和体育产业的发展，体育赛事的内容和形式由此发生了重大改变。此后，各种形式的体育赛事在世界范围内蓬勃开展，并随着电视转播、信息科技和网络技术的飞速发展而不断创新，对全球经济、文化等诸多领域的发展产生了积极影响。

项目一　体育赛事的概念与构成要素

一、体育赛事的概念

从体育竞赛视角观察，体育赛事与体育竞赛所表达概念相似。竞赛作为人类体育活动的重要形式，其可以追溯至原始社会。在遥远的旧石器时代，人类就已经具备胜负意识，并开始进行一些初步的竞技活动。到了近现代，竞赛的形式变得相对成熟和完善。体育赛事的核心要素无疑是体育竞赛，而在深入探讨体育赛事之前，我们有必要对体育竞赛的概念进行清晰的界定，一般认为“体育竞赛是在裁判员主持下，按统一的规则要求，组织与实施的运动员个体或运动队之间的竞技较量”。自1984年洛杉矶奥运会通过市场营销开创赢利纪录以来，对体育赛事进行商业营销，成为体育赛事运作管理极其重要的内容。

从社会文化视角观察，2008年北京奥运会的成功举办把我国体育赛事的举办推向了高潮，随着2022年北京冬奥会、杭州第19届亚运会在我国的成功举办，以及诸如中国足球协会超级联赛、中国男子篮球职业联赛等顶级商业赛事的相继举办，体育赛事已经融入人们的日常生活，在社会中形成了赛事热度和赛事文化，对国家和社会产生了深远的影响。因此，更多的国家和地区把举办重大体育赛事看作是国家和地区发展的标志，是一种发展竞争力的体现。体育赛事的举办给举办地带来了巨大的经济效益，受市场经济的影响及商业利益的驱动，市场营销在体育赛事中的地位和价值越来越突出。体育赛事的举办同时也会带来不可估量的社会效益，为举办地的发展带来了难得的机遇。因此，现代体育赛事，除了具有体育竞技价值的基本属性外，还包含娱乐性、观赏性等，蕴存着极大的市场商业价值。

从现代管理学视角观察，国内学者从特殊事件管理、项目管理学的角度，阐释了体育赛事的内涵，并对其进行了界定。体育赛事这一特殊事件的内涵是提供竞赛产品和相关服务，受竞赛规则、传统习俗和多种因素的制约。体育赛事在外延上具有项目管理特征、组织文化背景和市场潜力，能够迎合不同参与者分享经历的需要，达到多种目的与目标，对社会、文化、环境、政治、经济和旅游等多个领域具有影响，能够产生显著的社会效益、经济效益和综合效益。

从产业革命视角观察，现代体育赛事形式，即我们常指的有组织的竞技运动，出现于工业革命时期。美国著名的社会学家杰•科克利在《体育社会学：议题与争议》一书中认为：工业革命早期，受工作的需求和场地的限制，参加体育赛事的主要是富有阶级；19世纪晚期，即工业革命后期，生产力的发展使西方社会的人们有了更多的空闲时间，人们对休闲活动的需要增加，同时中产阶级兴起、妇女解放，都使参与体育赛事的阶层不断扩大，体育赛事也被赋予了更多的社会意义；20世纪20年代以来，用于体育运动的资源在许多国家和地区与日俱增，与运动相关的产业急剧发展，现代体育赛事形式在许多国家和地区逐渐发展起来。随着全球经济一体化进程和信息技术的快速发展，体育赛事对社会生活产生了前所未有的广泛影响，在创造利润、培育人才、培养爱国主义精神和促进个人健康等方面发挥了积极作用，体育赛事已与商业、娱乐、教育、文化、技术、国家荣誉等紧密结合。

综上所述，体育赛事是人类社会文明与进步的产物，集中体现了人类在体育竞赛、社会文化、现代管理以及产业革命等领域的发展与进步。现代体育赛事更是成为社会进步、文明程度及经济实力的标志之一。政府将体育赛事作为经济发展、城市建设、文化培育等战略的一部分，对体育赛事给予指导和支持；企业将体育赛事作为产品营销和品牌传播的有效载体，对体育赛事投入各种资源；学校、社团将体育赛事作为加强凝聚力的重要手段；个人则出于兴趣参与及欣赏各种各样的体育赛事。对体育赛事的关注与参与已成为人们日常生活的重要组成部分。

二、体育赛事的构成要素

倘若从微观管理视角审视体育赛事，它有着复杂的属性和多样化的表现形式。借用系统理论，可将体育赛事视作一个系统进行研究。体育赛事在某种程度上是一种行为系统，可以理解为由围绕竞赛核心，使赛事发生所要完成的各种行为和存在因素构成，即由动态的行为和静态的存在事物构成，也可以理解成由具体有形的事物和抽象无形的行动构成。体育赛事系统下的子系统通过科学合理的组合形成完整的体育赛事。体育赛事的构成要素主要包括以下几个方面。

1. 体育竞赛要素

体育竞赛是体育赛事的核心要素，体育竞赛是以运动项目为内容，在裁判员主持下，依据统一规则进行的运动员之间或运动队之间的竞技。赛事举办者需要通过设计赛制、编排比赛、管理竞赛、解释规则、处理突发事件、竞赛仲裁等方面来管理竞赛过程。

2. 人力要素

体育赛事各个环节都需要人的参与。人力要素既是体育赛事的基本构成要素，又是首要要素。其人力要素主要由以下元素构成：主办组织、主办地区、赞助商和经费提供者、供应商、媒体、工作团队、竞赛直接参与者与观众等。

3. 物力要素

体育赛事所具有的特性导致其在物力需求方面具有特殊性。物力要素是举办体育赛事必须具备的条件，不同类型的体育赛事需要的物力要素是不同的，物力要素的完善与否直接影响体育赛事举办的效果。体育赛事的物力要素包括体育竞赛场馆及设施设备、交通运输设施、安全保卫设施、医疗卫生设施和设备、餐饮住宿设施以及媒体转播设施和设备等。

4. 财力要素

任何事物的发展都是以经济为基础的，体育赛事的顺利举办也同样离不开经济的支撑。近年来，体育赛事的商业化、市场化运作越来越受到主办方的推崇，因其能给体育赛事带来充足的资金保证，从而使体育赛事展现出前所未有的活力与无穷的魅力。随着经济的发展，体育赛事的规模也在不断扩大，运动员得到的劳动报酬也有了显著增长，比赛的激烈程度也随之明显提高。体育赛事的资金主要由赞助性资金和非赞助性资金两大部分构成。

5. 技术要素

体育赛事越来越依赖科学技术的支持，现代化的体育赛事需要网络、计算机以及无线通信技术的有力支持，采用了大量的高科技设备，不仅使观众能在第一时间欣赏到比赛现场精彩的画面，还给体育赛事组织者带来了极大的便捷。例如，运动员的电子信息确认、比赛计时设备、比赛成绩的电子化公布与管理等进一步优化了体育赛事管理流程。体育赛事所需的技术主要包括网络技术、通信技术和相关软件技术等。

拓展阅读

“姑妈篮球赛”，追逐梦想的另一种可能

“只要不把篮球抱回家就不算犯规”，这句略显夸张的话形象地概括了“姑妈篮球赛”的特点。大约20年前，一位摄影师在贵州省黔东南苗族侗族自治州雷山县排里村，拍到了几位苗族妇女正在打篮球，画面中一位身着民族服装的妇女，抱着球准备上篮。另外几名妇女正在跑上来拦截，她们的容颜不够年轻靓丽，身体也有些臃肿，动作当然也谈不上规范，但她们脸上洋溢的那种开心与从容，却是那么动人。当地人称呼外嫁女儿为“姑妈”，因最初参与者主要是外嫁返乡的妇女，当地人便给这种形式新颖的篮球赛，取了一个十分接地气的名字——“姑妈篮球赛”。雷山县体育事业管理中心主任石芳说，黔东南苗族侗族自治州素有“百节之乡”之称，篮球赛是当地群众庆祝节日的“标配”，但以前很少有女性会打篮球，他们就突破篮球圈的传统规则，创办了这个形式新颖的比赛。

姑妈篮球赛有一套独有的规则：“没有走步违例，球员可以抱着球跑，只要不是故意犯规，原则上都不会吹罚，双方比分相同时，不会进行加时赛，而是通过罚球决出胜负。”后来，“姑妈篮球赛”受到越来越多人的喜爱，逐渐走出雷山县，越传越广，“姑妈”也由特指外嫁返乡的妇女，演变为泛指女性。在黔东南州，很多地方都在打“姑妈篮球赛”，氛围很好，打球的人很快乐，看球的人也很快乐。

（资料来源：《农民日报》，2024年3月30日，有修改）

◆ 思政园地

奥运舞台上的中国梦——2022年北京冬奥会

2022年北京冬奥会（以下简称“冬奥会”）是由中国举办的国际性奥林匹克赛事，于2022年2月4日开幕，2月20日闭幕。这次盛会由中国北京市和张家口市联合举办，共设7个大项，15个分项，109个小项。

北京赛区承办了所有的冰上项目和自由式滑雪大跳台项目，延庆赛区承办了雪车、雪橇及高山滑雪项目，张家口赛区则承办了除雪车、雪橇、高山滑雪和自由式滑雪大跳台之外的所有雪上项目。本届比赛项目丰富多样，包括高山滑雪、自由式滑雪、单板滑雪、跳台滑雪、越野滑雪、北欧两项、花样滑冰、冰球、冰壶、雪车等。

在筹备和举办过程中，冬奥会充分体现了“胸怀大局、自信开放、迎难而上、追求卓越、共创未来”的北京冬奥精神，这也是中国精神在新时代的具体体现和生动诠释。同时，冬奥会也展现了中国在追求国家富强、民族复兴的征程中所展现的团结、奋斗、创新、开放的精神风貌。冬奥会的举办还促进了国际的交流与合作，来自91个国家和地区的运动员齐聚一堂，共同竞技，增进了各国之间的友谊和理解。同时，冬奥会也带动了相关产业的发展，促进了就业和经济增长。

冬奥会是一次盛大的体育盛事，不仅展示了中国体育事业的发展成果，也彰显了中国在国际舞台上的影响力和地位。

（资料来源：中国奥委会官方网站，有修改）

◎ 案例简析

王者电竞的全球化战略，有何门道？

30多年前，1992年巴塞罗那奥运会的男篮赛场上迎来了阵容豪华的美国队，由迈克尔·乔丹、查尔斯·巴克利、埃尔文·约翰逊领衔的美国职业篮球联赛（NBA）顶尖球员正式登上奥运舞台。当奥运会对职业篮球运动员打开大门时，来自NBA的明星球员们便以精湛的技艺吸引了全世界奥运观众的眼球，他们也正式赢得了“梦之队”的美誉。当时的人们可能想不到，美国梦之队登上历史舞台会引发如此大的“蝴蝶效应”：NBA迎来迈入国际化时代的契机，为篮球运动的全球普及插上了翅膀。对体育观众来说，这是大家如数家珍的回忆；对行业来说，这是经过历史验证的宝贵经验。2023年成功登上杭州第19届亚运会舞台的《王者荣耀》电竞赛事，显然想从历史中取取经。

2024年1月13日，手游《王者荣耀》的母公司正式发布了2024年全新电竞赛事规划，提出了《王者荣耀》电竞在2024年的发展目标——打造一个国际化的竞赛生态系统。这意味着，“全球化”成为《王者荣耀》电竞的核心发展战略。具体来看，2024年《王者荣耀》将启动国际邀请系列赛事计划，这一系列赛事将由洲际邀请赛和全球邀请赛组成，其中洲际邀请赛包含S1、S2两季，全球邀请赛则涵盖季中邀请赛和冠军邀请赛，以四大国际赛事节点的形式分布全年。

值得一提的是，王者荣耀职业联赛（KPL）将组建KPL梦之队参与到季中邀请赛中。这支队伍将面向KPL选手，通过历史荣誉、赛事成绩、网络影响力，结合用户投票和行业评估，择优选拔组建。KPL梦之队将作为选手代表，承担起面向用户传递电竞正向价值的使命，同时也将作为使者，参与全新的王者荣耀国际邀请赛，成为国际赛事交流的使者，持续推动《王者荣耀》电竞精神和全球化建设。

问题来了，KPL梦之队联合四大国际赛事的打法，能否让《王者荣耀》电竞如32年前的NBA一样，将自己带入崭新的全球化发展阶段？

“全球化”还需自身硬

《王者荣耀》对全球化目标有多痴迷，我们从2023年年底的世界冠军杯中就能感受到，过去两届世界冠军杯，《王者荣耀》电竞的赛事奖金投入以“亿”为单位。而在如今全新的国际赛事体系中，《王者荣耀》电竞则计划投入1500万美元建设国际电竞生态。

除了砸下真金白银之外，在2024年1月13日的发布会中，KPL增设年度总决赛的计划也吸引了大量玩家的关注，这一新增赛事背后仍然是《王者荣耀》电竞全球化战略的细节之一。腾讯互娱天美L1工作室全球电竞发展中心总经理、《王者荣耀》电竞总负责人张易加表示：“由于《王者荣耀》电竞海内外赛区的发展所处阶段不同，海外赛区需要更多发育的时间和条件，国内设立KPL年度总决赛后，KPL与海外赛区将形成并行发展的新局面。”过去我们总说，即便只是凭借中国市场，《王者荣耀》交出的成绩在国际范围内也是响当当的，为什么它对全球化如此痴迷呢？

“不足的地方，我觉得可能是整个《王者荣耀》在每个地区发行的节奏和时间有所不同，所以国内KPL赛区的队伍实力还是更胜一筹，目前来看还没有出现非常精彩的中国赛区和其他赛区的对决，可能在我们心里面也是一个小小的遗憾。”在2023年的世界冠军杯现场，腾讯互娱天美电竞中心副总经理黄承所说的这番话已经解答了我们的部分疑问，而“小小遗憾”之后，王者荣耀电竞的全球化目标还有更深的发展逻辑。而且，没人会相信只要组建KPL梦之队就能复刻NBA的成功，支撑《王者荣耀》电竞的实质是它具有像NBA一样过硬的发展基础。

（资料来源：体育产业独立评论，2024年1月16日，有修改）

思考

1. 电子竞技品牌赛事KPL是如何借鉴NBA的国家化战略并取得成功的？

2. 从时代背景思考，KPL与NBA所面临的发展困境和机遇有什么不同？

解析

实训项目

项目一

请结合“体育赛事的构成要素”的知识点，通过网络媒介、流媒体、报刊等平台，查找“中国第一届学生（青年）运动会”的相关资料，说出构成该项赛事的要素有哪些？它们在赛事组织与管理的过程中起到什么作用？

要求：

(1) 学习如何利用数字化平台查找资料，并提高检索的准确性和有效性。

(2) 对体育赛事的构成要素有充分理解，确定合适的关键词进行检索。

(3) 将搜索到的有效信息进行汇总整理，以报告的形式呈现出来。

项目二

A乡镇政府计划在本市举办一次“A乡趣味跳绳大赛”，近期要进行一次宣讲仪式，鼓励广大居民前来报名参赛。假设你是宣讲人，请写一份演讲稿。

要求：

(1) 本次演讲的根本目标是向乡镇居民介绍该项体育赛事，以及参与体育赛事的益处。

(2) 语言要清晰明了，言简意赅，在解释体育赛事的同时激发居民的参与热情。

解析

体育赛事的界定及分类

项目二　体育赛事的特征与分类

一、体育赛事的特征

1. 竞赛性

体育赛事的精髓在于竞赛，运动员的积极参与赋予了其存在的价值，这也是体育赛事区别于其他活动的独特之处。竞赛性作为体育赛事的核心特征，体现在运动员的竞技过程中。这一过程不仅凸显了竞争与规范的元素，更体现了公平竞争的精神。围绕竞赛性这一核心特征，通过举办体育竞赛来满足多样化的需求，实现不同的目标和愿景。

2. 项目性

任何体育赛事均具备鲜明的开始、运行和结束阶段，这符合体育项目的基本特性。从体育赛事的构想、启动、规划，到实施、控制和收尾，每一环节都不可或缺。与此同时，体育赛事也展现出其独特的一面，包括一次性、独特性、临时性和开放性等特征。无论是备受瞩目的奥运会还是日常联赛，它们都有明确的开始和结束，虽然可以借鉴过去的经验，但每个赛事都有其独特性，无法完全复制。这种一次性和独特性特征使体育赛事与重复性工作存在显著区别，因为体育赛事一旦启动，便无法试错或重来。体育赛事的组织也呈现出临时性和开放性特征。在体育赛事运作的过程中，组织机构的成员、职责都可能随着赛事的进展而发生变化。为了确保体育赛事的顺利进行，赛事组织者必须设定明确的目标。这些目标既包括时间性的，如在规定时间内完成筹备工作；也包括成果性的，如为观众提供高质量的赛事体验，为赞助商提供有效的产品展示平台；还有约束性的，如确保预算不超支，满足各种必要的条件；等等。这些目标的设定和实现，是确保体育赛事成功运作的关键。

3. 商业性

体育赛事的商业性特征，实际上是一种多元且深远的经济现象。首先，体育赛事显著的吸引力使其能够汇聚大量观众的目光，这些观众不仅是赛事的观赏者，更是潜在的消费者。其次，众多企业也看到了体育赛事背后的巨大商业价值，纷纷成为赞助商，通过广告赞助等方式与赛事紧密结合，实现品牌传播与市场推广。再次，体育赛事通过门票销售、广告赞助、媒体转播等手段，成功地将人气转化为经济价值。门票销售能为赛事组织者带来直接的收入，广告赞助则使企业品牌与赛事形象相得益彰，而媒体转播则进一步扩大了赛事的影响力和商业价值，为各方参与者创造了共赢的局面。最后，体育赛事的举办还能有效拉动相关产业的发展。从体育器材的生产与销售，到旅游业的兴盛与餐饮业的繁荣，体育赛事的举办能为举办地带来显著的经济效益。这些产业的发展不仅为当地经济注入了新的活力，也为居民提供了更多的就业机会和创业空间。综上，体育赛事的商业性特征不仅促进了其自身的持续发展，更推动了整个体育产业的繁荣。体育赛事与商业的紧密结合，不仅为各方参与者带来了丰厚的经济回报，也为体育事业的发展注入了强大的动力。

4. 多元性

体育赛事的多元性特征体现在其涉及多个方面和层面，包括多样化的赛事项目、参与者群体、组织形式以及文化内涵等。这种多元性使体育赛事成为一个丰富多彩、包容性强的活动，能够吸引不同背景、不同兴趣的人们共同参与，并促进文化交流和多元文化的融合。具体来说，体育赛事的多元性特征可以从项目、参与者群体、组织形式以及文化内涵等方面来理解：体育赛事包含众多不同类型的项目，如田径、游泳、篮球、足球等，每个项目都有其独特的魅力和规则；体育赛事的参与者群体也具有多元性，包括职业运动员、业余选手、学生、社区居民等，他们各自拥有不同的背景和目标，共同构成了体育赛事的丰富生态；体育赛事的组织形式也呈现出多元性特征，既有国际性的大型体育赛事如奥运会、世界杯等，也有地区性的小型体育比赛和社区体育活动，这些不同形式的体育赛事满足了不同层次和需求的参与者；体育赛事还承载着丰富的文化内涵，不同国家和地区的参与，促进了文化的交流与融合，使体育赛事成为一个展示多元文化的平台。体育赛事的多元性特征使其成为一个充满活力和包容性的活动，能够满足不同人群的需求和兴趣，促进了社会的多元发展和文化交流。

5. 文化性

体育赛事是一种社会文化现象，其本身就蕴涵着丰富的文化内涵，是人类文化的重要组成部分。一项历史悠久的体育赛事可以形成自己所特有的体育赛事文化，为人们所接受，使人们一想起这项运动就自然地联想到这项体育赛事。不同区域、不同内容、不同性质的体育赛事均体现出的较强的文化特征，如温布尔登网球锦标赛是现代网球史上最早创办的比赛。

二、体育赛事的分类

在世界各地，每年每月都有大量的体育赛事在不间断地举行，赛事的种类繁多、形式多样，涵盖内容极为广泛。面对众多体育赛事，将其按照一定方法进行划分可以帮助人们更好地理解不同的体育赛事。对某一客观事物进行分类具有一定的主观性，并无统一的标准，不同的研究者根据自己对研究对象的把握可能有不同的分类标准。

体育赛事的构成要素之间紧密相连，工作环节相互交叉，十分复杂。根据不同的分类标准，我们可以创建出多种体育赛事的分类方法。经过对体育赛事各要素的深入剖析，可以发现无论是何种类型的体育赛事，都具备规模、水平和类别这三个核心要素。这三个核心要素相互关联、紧密结合，共同构成了形态各异的体育赛事。以这三个核心因素作为体育赛事的分类依据，是一种高效且实用的方法。它们之间的相互关系，可以通过三维坐标来精确定位与反映，如图 1–1 所示。

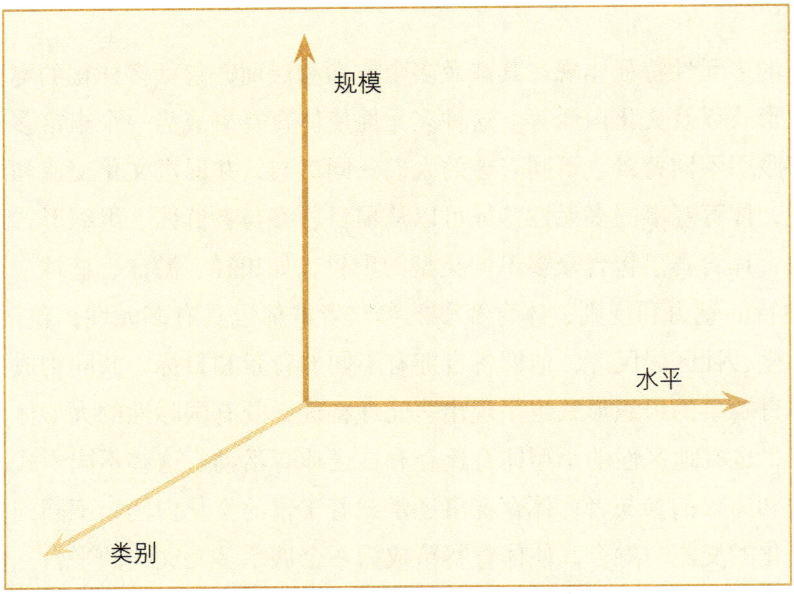

图1–1 体育赛事分类体系

体育赛事的规模，直接体现了赛事组织者在人力、财力和物力上的投入力度，同时也反映了赛事管理的复杂程度和工作流程。一般而言，综合性体育赛事往往参与者众多，运作周期长，成本投入大，但其竞技水平的高低则需要结合具体情况来判断。

体育赛事的水平，直接反映着赛事的质量，包括参赛者的竞技能力、比赛对抗的激烈程度、竞赛组织的精细程度，以及对外界因素的吸引力和影响力等，这些都决定了体育赛事在观众和市场中的可接受程度与可开发程度。例如，单项顶级赛事往往运动员水平高，市场吸引力大，但规模上可能远不及综合性体育赛事。

体育赛事的类别，主要反映了赛事的性质和组织运作方式。综合性体育赛事规模庞大、周期长，管理运作相对复杂；而单项顶级赛事则以其高水平、短周期和较简单的管理运作模式著称。

根据规模、水平、类别，体育赛事可以分为以下几类。

1. 超大型综合赛事

超大型综合赛事具有鲜明的周期性特征，以其庞大的规模和卓越的水平为特点，参与者及观众众多，媒体覆盖面广泛，公共财政投入显著，市场目标广大。超大型综合赛事能为举办城市和地区带来显著的社会、经济和文化效益，对当地政治、经济、文化、旅游和城市设施建设等多具有深远影响。例如，奥运会、亚运会、全运会等都属于超大型综合赛事。

2. 大型综合赛事

大型综合赛事同样具有明显的周期性，包括城市运动会、农民运动会、少数民族运动会、大学生运动会等。这类赛事规模较大，水平较高，受到高度重视，组织工作复杂，媒体关注度高，市场吸引力大，对举办城市和地区的经济、文化等多方面具有重要影响。

3. 单项顶级赛事

单项顶级赛事通常指的是世界单项锦标赛，如国际足联世界杯、国际篮联篮球世界杯、世界游泳锦标赛等。这类赛事具有名目多、水平高、规模大的特点，其媒体关注度高、市场吸引力大，对举办城市和地区的经济、文化等多方面具有重要影响。

4. 单项品牌赛事

单项品牌赛事通常指有周期的职业联赛，如中国男子篮球职业联赛（CBA）、中国足球协会超级联赛等。这类赛事运作周期长，有相对固定的运作模式，水平较高，市场吸引力大，媒体关注度高，能为举办城市和地区带来竞争优势。

5. 单项商业赛事

单项商业赛事是由中介公司和企业组织举办，由政府部门协调，有媒体参与的体育赛事，如各种邀请赛、对抗赛、擂台赛等。这类赛事以明星效应和商业运作为特色，时间、地点、规模等灵活多变。它们以提高举办组织或企业的社会形象为出发点，追求经济效益，满足不同参与者分享赛事经历的需求，具有一定的社会效益和综合效益。

6. 一般群众性赛事

一般群众性赛事是指能够吸引媒体和大量观众，并产生一定经济效益的体育赛事，如大众体育节、万人长走大会、龙舟赛等。这些赛事组织灵活、形式多样、参与人员广泛、规模较大、市场亲和力强、易于举办，能为举办方带来较大的综合效益。

拓展阅读

三人成众，千人参与——“社区杯”篮球赛促京城篮球高质量发展

随着最后一场比赛的结束，北京市首届“社区杯”篮球联赛三人篮球赛在东单体育中心落下帷幕。本次赛事从开赛之初便吸引了7000余名篮球爱好者参与其中，经过区级预选赛、市级大区赛、市级总决赛三个阶段的激烈争夺，各组别冠、亚、季军花落各家：西城区金融街街道宏汇园社区队、东城区东四社区队、东城区金宝街北社区队分别获得男子中年组前三名；门头沟区绿岛京西逐梦一队、通州区胡家垡明苑体育队、密云区鸿蔚蓝山队位列男子青年组前三甲；东城建国门街道代表队、平谷区迎宾社区顺达运动女子二队、东城区和平里社区代表队分别荣获女子组冠、亚、季军。

北京市体育总会相关负责人介绍，本赛事通过“政府搭台、企业赞助、协会运作、群众受益”的方式推进赛事组织工作，进一步贯彻落实北京市关于“三大球”运动发展的规划，夯实篮球运动群众基础，提升基层篮球运动水平，丰富社区群众赛事平台。

本届赛事从区级预选赛选拔到市级总决赛的角逐，吸引了众多篮球爱好者的关注，许多球迷到场观战，同时，吸引了广播电视、报纸、网络、短视频平台等媒体对赛事进行专题报道。其中，北京广播电视台体育休闲频道对总决赛进行了电视直播，北京市体育总会抖音号全程对比赛进行网络直播，市级大区赛网络直播观看人数超过58.4万人，其中五棵松赛区最高在线人数超20万人，市级总决赛观看人数超过22.7万人，群众对赛事反响极其热烈。

不仅如此，比赛现场不少选手甚至是携家带口一同参赛。赛场内大人们激战正酣，赛场外“萌娃”们则兴高采烈地为家人加油助威。当被问及为何带着孩子参加比赛时，大家的回答更是出奇的一致，那就是希望从小培养孩子对篮球运动以及体育的兴趣，希望孩子将来可以多参加体育活动。

近年来，北京市体育局、北京市体育总会开展了一系列丰富多彩的群众篮球赛事。在进一步增加篮球人口的同时，形成了覆盖面更广、参与人群更多的北京市群众篮球赛事体系。如今，北京各个年龄段、各个层级的篮球爱好者都可以找到适合自己的赛事。“社区杯”篮球赛、北京市运会群众组篮球比赛等一系列丰富多彩的赛事活动，极大程度促进了北京市篮球运动的发展。

（资料来源：《中国体育报》，2023年4月21日，有修改）

◆ 思政园地

第一届全运会：新生力量　精彩亮相

1959年9月13日—10月3日，中华人民共和国第一届运动会在北京举行。如今，中华人民共和国运动会（以下简称“全运会”）已经走过十四届，其作用早已超越赛事本身，成为中国体育事业改革的风向标和助推器。曾经，全运会是国内体育练兵的主要赛场；而今，提倡节俭办赛，淡化奖牌意识，强调全民共享。在天津举办的第十三届全运会，不设金牌榜、奖牌榜，鼓励部分项目跨单位参赛，19个群众项目首次亮相等改革措施，让全运会拥有了崭新的面貌。

第一届全运会，还向中华人民共和国成立10年来打破世界纪录和获得世界冠军的40多名运动员颁发了体育荣誉奖章。亲历者穆祥雄是一名游泳运动员，第一届全运会上他打破男子100米蛙泳的世界纪录。穆祥雄4岁开始学游泳，“父亲对我说，中国人勤劳、勇敢、创新，有很多优秀的品质，我们一定要努力，不能输给外国人”。自那以后，穆祥雄时刻牢记“为国争光”的家训，苦练游泳，希望有朝一日能让中国人扬眉吐气。

第一届全运会开幕前夕，国家体育运动委员会（简称“国家体委”，现国家体育总局）在北京召开了誓师大会。穆祥雄当时已是世界泳坛名将，作为运动员代表在誓师大会上发言，“当着时任国家体委主任贺龙的面，我表明了决心：要在全运会上再破世界纪录。”第一届全运会开幕后，举重冲击世界纪录失败，中国人民对破纪录的期待都集中到了游泳上，给穆祥雄带来了巨大的压力。

9月17日，男子100米蛙泳决赛现场挤满了观众，大家都期待穆祥雄能够再创佳绩。发令枪响，8名健儿飞身入水，穆祥雄凭借自创的“半高航”式游法在泳池中飞速前进，率先冲向终点。宣布成绩的前一刻，游泳馆里鸦雀无声。当扩音器传出“穆祥雄100米蛙泳1分11秒1，第三次打破了世界纪录”时，观众欢呼着，跳了起来。

穆祥雄出水后，父亲穆成宽和他拥抱在一起。老人流下了泪水，穆祥雄也闪着泪花。“比赛结束，国家体委的领导跟我说，穆祥雄呀，你比赛的时候我们都紧张得不敢看，跑到外面去等着，一听到结果马上回到场馆里。你取得的成绩，是为新中国成立10周年献礼。”穆祥雄说道

闭幕式上，周恩来总理为穆祥雄戴上奖章，握着他的手，鼓励他再接再厉，继续攀登世界高峰。

（资料来源：《人民日报》，2019年10月6日，有修改）

◎ 案例简析

村BA：观察中国式现代化的一个窗口

贵州省黔东南苗族侗族自治州台江县台盘村“村BA”赛事持续走红的故事，书写了一个小村庄历经脱贫攻坚后的新变化，展现了新时代新征程乡村振兴的美好画卷。在《“村BA”：观察中国式现代化的一个窗口——台盘村乡村振兴故事》一书中，作者以在场者的身份，无数次零距离接触台盘村驻村第一书记、致富能手、返乡创业者、乡村解说员等，深入挖掘当地的历史与文化，以更加主动的姿态去寻找隐藏在村庄深处的光芒，找到“村BA”火爆“出圈”的文化密码，以纪实的方式对“台盘风貌”“‘村BA’前传”“火爆‘出圈’”“‘村BA’中的那些人”“‘村BA’的未来”及“村BA”赛前、赛中、赛后发生的点滴故事进行诗意书写，记录各民族和谐共生的时代画面。该书入选中宣部2023年主题出版重点出版物，中宣部出版局指导、中国图书评论学会评选的2023年12月“中国好书”。

没有电子屏幕，没有商业广告，没有赛前造势和新闻发布，仅一块村委会门口红绿配色作底的篮球场，场内球员不停地奔跑、传球、上篮，场外人头攒动，欢呼呐喊。这样一场看上去并不专业也不高端的乡村篮球比赛却极具感染力。

这轮由当地少数民族群众自发组织的“六月六”吃新节篮球赛一开打，就吸引了十里八乡的群众前来围观，因其热烈的氛围而迅速走红网络，火爆“出圈”。由于场地在农村、比赛由村民组织、参赛者以村民为主，甚至奖品都是黄牛、香猪等地方农产品，网友亲切地称其为“村BA”。为了延续赛事氛围，2023年7月30日至8月2日，贵州省“美丽乡村”篮球联赛黔东南州半决赛在台盘村举行。架梯子、站房顶、爬围墙，现场观众人山人海，网络直播累积观看人数则超过一亿。

中国篮球协会主席姚明在接受采访时，也高度称赞了这一赛事，还戏称“非常希望去现场，担心抢不到票”。2023年8月15日，西安市唯一的新闻门户网站西安网撰文建议，“让‘村BA’式党建品牌在广大基层党组织落地生根”。由此可见，“村BA”已经超越了体育的范畴，成为了一种社会文化现象。

（资料来源：黔东南新闻网，有修改）

解析

思考

1. 贵州“村BA”为什么这么红，其根本原因是什么？

2. 相比于我国正式的篮球职业联赛，地区化的“村BA”如何契合中国式现代化发展之路？

实训项目

项目一

根据前文所述理论为下面赛事及其特征连线。

解析

单项顶级赛事	水平最高、赛事项目多、规模最大、影响大、周期性明显
单项品牌赛事	水平高、赛事项目多、规模大、影响大、周期性明显
一般群众性赛事	水平最高、赛事项目单一、规模大、影响大、周期性明显
超大型综合赛事	明星效应突出，商业运作明显，规模、时间、地点随意性强
单项商业赛事	办赛历史悠久、赛事品牌效益高、影响大
大型综合赛事	规模大、水平一般、大众参与度高

项目二

请根据赛事分类为以下赛事填写正确的赛事类型。

2022年北京冬奥会、杭州第19届亚运会、2024年巴黎奥运会等。

→（　　　　　　　）赛事

全国青年运动会、农民运动会、少数民族运动会、大学生运动会等。

→（　　　　　　　）赛事

国际足联世界杯、国际举联世界杯、世界体操锦标赛等。

→（　　　　　　　）赛事

意大利足球甲级联赛、中国网球公开赛、厦门国际马拉松赛等。

→（　　　　　　　）赛事

NBA中国赛、武林大会擂台赛等。

→（　　　　　　　）赛事

平潭荧光跑嘉年华、全民健身登山节、万人广场舞等。

→（　　　　　　）赛事

项目三

请阅读以下两则案例，利用赛事分类三维模型，谈一谈以下两个棒球项目的赛事属于何种类型的赛事。

案例一

2023年4月15日，“2023海峡两岸学生棒球邀请赛”在绍兴棒（垒）球体育文化中心火热开赛，来自海峡两岸的20支棒球队齐聚浙江绍兴，以球会友、建立友谊，通过棒球架起海峡两岸青年学生的交流桥梁。

据了解，作为海峡两岸学生体育交流的重点赛事，此次“2023海峡两岸学生棒球邀请赛”参赛队伍，包括台湾地区、大陆地区和两岸的混合队伍，共计20支约400人，分小学组（U12）、初中组（U15）、高中组（U18）和大学组（U23）4个组别，采用单循环制，按积分总排名，共进行了34场比赛。参赛队员们表示，期待通过赛事提升棒球水平，增进海峡两岸运动员之间的交流。“棒球能点燃激情，凝聚力量。”作为本次台湾地区队伍的总领队，台湾运动文化教育发展协会理事长希望海峡两岸的学生有更多的机会切磋球技、分享比赛、交流感情，“通过这样的比赛，台湾学生们也更加了解浙江，了解绍兴。希望未来两岸能够更加地融合，更多地交流”。

案例二

2023年7月29日，中国棒球联赛总决赛冠亚军争夺赛来到第二场，双方开局便展现了各自的特点，直到第四局上海队才攻下1分，并在第六局再次安打下分。尽管江苏队全场奋力拼杀，在最后一局制造了满垒有人的局面，但仍被上海队双杀。本场上海队共计6次安打，江苏队计4次安打，最终上海队3∶0获胜。在总决赛冠亚军之战中，上海队两局全胜拿到冠军。2023年中国棒球联赛设无锡站、成都站、天津站，10支参赛队在无锡站进行单循环比赛，前八名将转战成都、天津再进行两轮单循环比赛，总积分前两名的队伍将在天津通过三战两胜制的总决赛决出总冠军。2023年中国棒球联赛常规赛共105场，相较以往场次更多，赛程更加密集。2023年中国棒球联赛在抖音、快手、微信视频号、B站等平台全程同步直播。

中国棒球协会主席表示：“本届联赛有三大亮点：一是参赛队数达到了联赛

历史最高；二是队伍年轻化，平均年龄在21岁，是为今后的国际比赛准备的新生代力量；三是为了补齐投手短板，结合全运会改革措施，采取了球数限制新规。”2023年中国棒球联赛由国家体育总局手曲棒垒球运动管理中心、中国棒球协会主办。

项目三 体育赛事的价值

一、体育赛事的社会价值

体育赛事在政治领域的影响力早已被众多国家所认识。举办体育赛事，能够有效地提升举办国家、地区和城市的形象，从而增强其在全球舞台上的地位和影响力。体育赛事不仅具有提升凝聚力、激发自豪感的作用，也是发挥政治力量的基石，因此体育赛事与政治之间始终存在着密切的相互作用。

举办国际性重大体育赛事，不仅是国家、地区和城市形象的展示，更是人们素质提升的重要契机。这样的盛事不仅要求有良好的内外部环境作为支撑，而且其成功举办本身就能积极促进人们素质的提升。这类赛事作为社会瞩目的焦点，自然会引起全世界人们的广泛关注。主办者通过精心策划的宣传活动，特别是体育赛事的标志和吉祥物的设计，旨在展现国家、地区和城市的人文特色，这不仅能激发人们重温历史的情感，更能增强人们对祖国的热爱之情。

综合实力是一个国家或地区在政治、经济、文化等各个领域的综合展现。体育赛事的举办，实际上是一项复杂而庞大的系统工程，它不仅包括政治、经济、文化等核心要素，还包括场馆建设、城市基础设施、交通规划、环境保护、卫生保障、安全保障、餐饮服务、旅游开发、商贸活动以及信息咨询等方方面面。

一个成功的体育赛事，无疑是举办地综合实力的生动展现。更为关键的是，体育赛事所带来的综合效应，将极大地推动举办地综合实力的进一步提升。以韩国为例，在筹备1988年汉城（现首尔）奥运会的过程中，不仅创造了大量的就业机会，使33.6万人受益，更通过全国人民的共同努力，极大地激发了民族的自强意识。这种社会氛围的提振，直接促进了社会稳定和生产效率的大幅提升，最终推动了韩国经济的高速增长。由此可见，体育赛事的举办，对于提升举办地的综合实力具有不可忽视的推动作用。

二、体育赛事的文化价值

体育赛事，作为人类文化的重要组成部分，被誉为“超越语言界限的全球共享文化”。这些以体育为核心的国际盛会与纪念活动，不仅有助于增进各国人民之间的理解与认同，更在推动国际友好交流中扮演着举足轻重的角色。值得一提的是，举办国际体育赛事，除了对体育事业和国际交流具有积极的推动作用外，还能让国民，尤其是青少年一代，通过观赏世界顶尖运动员的精彩表现，激发梦想与活力。

体育赛事常常为举办地留下丰富的文化遗产。它们不仅拓宽了大众的文化视野，更带来了新颖的思想和观念。例如，1997年在澳大利亚悉尼和墨尔本举办的超级相扑锦标赛，不仅是一场体育盛事，更是一次极具意义的文化交流。它成功地将日本相扑这一充满日本文化特色的运动介绍给了澳大利亚观众，该赛事的举办超越了体育本身，成为两国文化交流的桥梁。此外，现代奥林匹克运动会也继承了古代奥林匹克运动会的传统仪式，并赋予其现代意义，使奥运会成为展现主办国文化风貌和推动国际友好交流的重要平台。

三、体育赛事的经济价值

社会对体育赛事的投入从以非商业性为主向以商业性为主转化的过程，就是体育赛事商业化程度逐步提高的过程，该过程使体育赛事开始与当地经济产生千丝万缕的联系。体育赛事能够提升经济效益，提供工作机会和旅游机会，能够在吸引游客和延长其停留时间方面上扮演催化剂的作用。申办国际性重大体育赛事更是能为申办国家、地区带来难以估量的经济效益和社会效益。从最近几届奥运会来看，所有主办城市和主办国无不努力将举办奥运会当作本地或本国的发展契机，从而历史性地带动经济、社会的发展。许多奥运会主办城市，如日本的东京、西班牙的巴塞罗那等都因成功举办奥运会而一跃成为本国和世界的著名城市，并带动了本国的经济发展。

拓展阅读

“马拉松城市”厦门，向着体育强市努力奔跑

厦门马拉松，源于一条网友建议。2002年年底，一位名叫“马达”的网友向厦门市建议，在美丽的环岛路上举办国际性马拉松赛事，后被采纳。在中国田径协会（以下简称“中国田协”）支持下，2003年3月30日首届厦门马拉松举办。

经过20年发展，厦门马拉松已跻身世界顶尖马拉松赛事行列。2021年2月，厦门马拉松获得世界田径联合会（以下简称“世界田联”）“精英白金标赛事”认证，成为全球第13个、国内第2个获此认证的马拉松赛事。厦门市还通过举办中国国际马拉松高峰论坛、马拉松博览会等配套活动，不断挖掘、拓展马拉松的内涵与外延。

从获得中国田协“中国马拉松突出贡献奖”，到荣获中国田协首个“马拉松城市”称号，厦门深得中国田协的认可。厦门马拉松是我国最早探索“市场化办赛”的马拉松赛事之一，首届厦门马拉松就实现了“不花财政一分钱”的办赛目标。“中国马拉松要想与国际接轨，需要依靠市场化机制将其做大做强。”中国田协原主席段世杰认为，厦门马拉松市场运营模式具有样板价值。2023年3月31日，世界田联为厦门马拉松颁发“全球特别贡献奖”，这是世界田联向其215个会员的数万个马拉松举办城市颁发的首个该奖项。厦门历来崇尚体育，鼓浪屿是中国现代足球的发源地之一。“城在海上，海在城中”的独特山海自然景观，依山临海的环岛路，是很多跑友心中必去的“跑马”赛道。每年举办的马拉松赛事，促进了赛道沿线建筑、道路、市容、景观的改造与提升，也推动了城市建设管理水平的提升。

20年来，马拉松与厦门同频共振，不仅完善了城市规划建设，也促进了经济社会发展，丰富了城市精神内核。环岛路旁，99尊英姿飒爽的马拉松雕像散落其中，突出了“马拉松城市”的特色，也映照了“奋勇拼搏”“永不止步”的闽南精神。马拉松音乐节、马拉松美好生活节、马拉松爱心林、马拉松公益基金会……马拉松元素已融入厦门城市的方方面面，也为“爱心厦门”建设注入了力量。厦门市还准备在五缘湾建设马拉松公园、马拉松博物馆，加强马拉松与城市文化的融合。“马拉松是文明标志、世界语言、城市名片、交流平台、健身手段、产业源泉……从这些层面的贡献来讲，厦门做得很出色。”段世杰这样评价。

（资料来源：新华网，2023年4月17日，有修改）

◆ 思政园地

北京：“双奥之城”开创历史

办好北京冬奥会、冬残奥会是党和国家的一件大事，是我们对国际社会的庄严承诺。中国秉持绿色、共享、开放、廉洁的办奥理念，全力克服新型冠状病毒感染疫情的影响，再次为世界奉献了两场无与伦比的奥运盛会，兑现了中国之诺，彰显了中国贡献。2022年北京冬奥会和冬残奥会“两个奥运”精彩答卷，开启了全球冰雪运动的崭新时代，书写了国际体育史上的崭新篇章，推动了人类文明交流互鉴，足以载入人类社会文明发展史册。

“两个奥运”充分展现了中国人民自信自强的时代风貌。习近平总书记在会见联合国秘书长古特雷斯时指出：“通过举办北京冬奥会，中国人民再次展现出积极向上的精神和力量。有这样的人民作为强大后盾，我们就可以做成任何事情。”

几年来，数万名冬奥人披星戴月、攻坚克难，51个领域、3000多个项目的“冬奥蓝图”一步步变为现实。无论是北京冬奥会开幕式上的二十四节气倒计时、古典诗词、中国元素与冰上运动相融合的“中国式浪漫”，还是“鸟巢”智慧升级、“水立方”的水冰转换、“冰丝带”“最快的冰”打造的“科技范”；无论是中国选手创造的“史上最佳”成绩，还是普通民众“上冰”的高涨热情，都让世界看见了中国无处不在的活力朝气、奋斗精神和向上心态。国际奥委会把奥林匹克奖杯颁给全体中国人民，正是对中国交出的“两个奥运”精彩答卷的高度肯定。从这里出发，每个平凡的中国人都将充满信心，笃定前行，与新时代的中国一起向未来。

“两个奥运”极大增强了中华民族实现伟大复兴的必胜信心。习近平总书记指出，举办北京冬奥会、冬残奥会来之不易、意义重大，同实现“两个一百年”奋斗目标高度契合，给新时代北京发展注入了新的动力。回顾历史，从“奥运三问”到“双奥之城”，中国的奥运事业折射出百年奋斗的复兴巨变，见证了中华民族伟大复兴的铿锵步伐。体育承载着国家强盛、民族振兴的梦想。体育强则中国强，国运兴则体育兴。中国圆满践行“冰雪之约”的体育盛会，让世界看到持续创新发展、面貌日新月异的活力中国。

从2008年的“同一个世界，同一个梦想”到2022年的“一起向未来”，中国积极参与奥林匹克运动，坚持不懈弘扬奥林匹克精神，是奥林匹克理想的坚定追求者、行动派。中国为全球的运动员们搭建了展示奥林匹克精神的卓越舞台。在2022年北京冬奥会上，两项世界纪录和17项冬奥会纪录诞生；在2022年北京冬残奥会上，中国相关运动项目实现了全面突破和跨越式发展。来自世界各地的奥运健儿齐聚在此，相互尊重、彼此激励、突破极限、超越自我，完美演绎了“更快、更高、更强——更团结”的奥林匹克新格言。他们为世界带来了温暖和希望，播撒下和平与友谊的种子，激发了人类共克时艰、一起向未来的强大力量。

（资料来源：《光明日报》，2022年3月17日，有修改）

◎ 案例简析

小城宁海办大赛，城小格局大

中国田径协会的赛历上，光是每年4月的周末，全国就有超过30场注册赛事，网友调侃:“腿都不够用了！”赛事扎堆，选手紧俏，这就很考验哪家赛事更得“跑友心”。马拉松是一座城市的超级IP,“抢人大战”背后是一场城市综合实力的较量。

浙江省宁波市宁海县举办的业内顶尖的赛事——宁海越野挑战赛，是一场城市与跑友的双向奔赴和互相成就。

成为顶尖跑友征途上的“必需品”

2023年4月的马拉松最是“乱花渐欲迷人眼”，可在浙江一座县级城市开跑的“宁海越野挑战赛”，却成为国内“跑王”。比赛4个组别共4500个名额，开放5个小时全部报满。“越野跑阿拉蕾”向付召、世界顶级赛事环勃朗峰越野跑（UTMB）中夺冠的姚妙等，国内越野跑男子前30、女子前20排得上号的“大神”，齐刷刷到场，跑友称“史上最强阵容”。

小城赛事抓跑友的“刚需”

不管是“城市马”，还是“越野跑”，跑友粗略可分为两类，一是比赛型，二是打卡型。前者比较看重赛事的档次，后者偏爱赛道风景或是赛友级别。宁海这场赛事可以说将两者诉求进行了完美融合。宁海越野挑战赛从2013年鸣响“第一枪”，至今已十个年头。2023年2月14日，该赛事抛出“杀手锏”：宣布正式加入UTMB世界系列赛。UTMB是越野跑的“天花板”，是跑友的终极梦想。加入全球“舰队”，意味着宁海这场赛事成为顶尖跑友征途上的“必需品”，其收割“跑王”是情理之中。而“跑王”和跑友最渴望的都是跑出最佳体感，这就需要一条“好赛道”。这里的“好”有两个维度：好跑和好美。宁海越野挑战赛从第一届赛事开始，主打的就是“赛道牌”。当年，79位跑友从宁海妙香寺出发，跑过东部山区的磅礴大气，也跑过西部山区的原始秀丽，一路看尽森林、溪流、峡谷、古村、古桥等。就像“无锡跑马”因穿越樱花雨一炮而红一样，宁海赛道也是跑友圈心头惦念的“一生必走”线路。

让“最懂跑友”的人服务跑友

“很多城市办赛，提出无微不至、不讲条件、不计成本的服务，而有时，这恰恰是种打扰。”作为跑友，薛乾曜希望得到最流畅、最简单、最不被打搅，但需要时能得到及时响应的服务。作为办赛者，薛乾曜十年间办过大大小小上百场比赛，其深深觉得，办赛最需要“专业”和“懂得”。这是同一目标的不同服务深度，其中“专业”是保障赛事安全运行的基础。而“懂得”是办出一个赛事的温度，这是更高级的追求。落地到办赛细节上，前者需要专业团队，后者需要更多“感同身受”的跑友成为服务者，在宁海越野挑战赛上，就让“跑友界”看到和感受到了两者合二为一的神奇化学反应。2023年，宁海赛场设置了60个应急安全点位，由155个持红十字会和户外指导员“双证”的志愿者“职守”，其中大部分是跑友。

十个官方补给点都高高挂起一个个跑步俱乐部的“招牌”，由他们组织跑友团，承担补给点服务。每位成熟的跑友都具备较丰富的户外和跑步知识，其本身就是宁海这座城市的“第三梯队”后备救援力量。“当然，小县办赛，我们最初也遇到了本地跑友不足以服务赛事的问题。第一届，10个补给点，都是向全国各地俱乐部‘借’跑友，这花了他们一大笔开支。”薛乾曜回忆道，近几年，受赛事带动，宁海跑友多起来了，今年80%的补给点都由本土跑步俱乐部提供服务了，赛事举办和跑友培育，这本身就是双向奔赴。

懂跑友更要“懂”城市运营

一场马拉松，跑“热”城市。“热度”背后，却是一场城市运营的考场。在宁海越野挑战赛诞生的2013年，全国赛事只有10个。而宁海越野挑战赛的“赛道”，则建设得更早，于2009年开工。宁海县文化和广电旅游体育局相关负责人说起十几年前筹建“赛道”的点滴，依旧很感慨。这种“胆大”，来自宁海县人民政府对城市现实和发展规律的清晰认知和准确判断。宁海位于东海之滨，素有“七山二水一分田”之称，层峦耸翠虽是自然禀赋，却也在某种程度上“困”住了县域工业经济的极限扩张。而以“跑马”为代表的“体育经济”，便是宁海扬优势、避短板的选择——一场比赛，引来数以千计的跑者踏遍宁海山水土地，这最大程度发挥了“全城是景”的特色。

近几年，宁海举全城之力创建省级5A级景区城，一方面强化优势项，发展全域旅游产业，另一方面，也让跑步的体感持续升级，吸引更多脚步。2023年，宁海越野挑战赛参赛的4500名选手中，80%来自浙江省外，涉及30个省、自治区、直辖市，18个国家和地区（包含港澳台地区）。平均一人跑三人陪赛，这意味着，三天内密集流入宁海的人数约为15 000人。按一天一人最低消费500元计算，三天就给这座城市带来2000多万元的即时消费。放眼全国，像“武汉马拉松”“无锡马拉松”等国内规模型的城市马拉松，直接拉动城市交通、住宿、餐饮、娱乐等的消费估值都已过亿元。

（资料来源：浙江在线，2023年5月17日，有修改）

思考

1. 案例提到“宁海市举办顶级马拉松赛的格局大”，请问这里的格局大有何隐喻？

2. 一场赛事让小城宁海获得哪些收益？体现了哪些赛事价值？

解析

实训项目

请从以下最具品牌价值赛事中选取一项赛事，通过查阅资料撰写一份该赛事的价值报告。

1. 国际足联世界杯（FIFA World Cup）

国际足联世界杯，简称世界杯，是全球最具影响力的足球赛事之一。每四年一次的世界杯吸引了全球数以亿计的观众，不仅是足球球迷，更是全球人民共同期待的盛宴。世界杯始于1930年，是由国际足球联合主办的世界足球顶级赛事。第一届世界杯在乌拉圭举办，吸引了13支球队参赛。自那以后，世界杯已经成为足球界最具盛名和影响力的赛事之一。

解析

2. 美国超级碗（Super Bowl）

美国超级碗（以下简称超级碗），作为美国职业橄榄球联赛（NFL）的冠军赛，每年一度，已经演变成一场国家级的盛宴，也是全球观众瞩目的焦点。超级碗不仅是橄榄球比赛，更是商业、娱乐和广告的集大成者。超级碗的历史可以追溯到1967年，当时是为了将美国橄榄球联合会（AFL）和美国国家橄榄球联合会（NFL）两个不同联盟比赛的冠军合并而设立的。从此以后，超级碗成为美国最受瞩目的赛事之一。

3. 欧洲足球冠军联赛（UEFA Champions League）

欧洲足球冠军联赛，简称欧冠，代表了欧洲足球俱乐部最高水平和荣誉。欧冠不仅是体育赛事，更是一项具有浓厚文化底蕴和商业价值的盛事。欧冠创立于1955年，最初名为“欧洲冠军杯”，是为了欧洲顶尖俱乐部之间的比赛而设立的。后来，这项赛事在1992年进行了改革，更名为“欧洲足球冠军联赛”，并逐渐演变成全球最受瞩目的足球赛事之一。

4. 美国职业篮球联赛（NBA）

美国职业篮球联赛，是全球最具影响力的篮球联赛之一，同时也是商业成功的典范。1946年，美国篮球协会（BAA）成立，1949年，其吞并了美国国家篮球联盟（NBL），改组成NBA，经过多年的发展和改革，NBA逐渐壮大。NBA以其精彩的比赛、高水平的球员和成功的商业模式，赢得了众多球迷的心。

5. 印度板球超级联赛（IPL）

印度板球超级联赛，是一项充满创新性和娱乐性的板球联赛，是全球备受瞩目的体育赛事之一。IPL创立于2008年，虽然年轻，但其已经在全球范围内赢得了极高的知名度和影响力，为印度板球的发展注入了强大的动力。

项目四　体育赛事运作管理

一、体育赛事管理的含义

“管理”一词起源于制造业，是指对原料输入、能源、劳动力和资金到输出最终产品的整个过程的管理。随着全球服务业的崛起，服务业产值迅速增长，劳动力向服务业转移，人们对提供服务的过程越来越关注。运作管理的研究学者逐渐将运作的概念与理论运用到服务业中，认为服务的提供和产品的生产具有一致的本质特征，都是输入向输出的转换过程。

在了解管理一般含义的基础上，我们将体育赛事管理定义为：一定的组织运用财力、物力、人力、信息等资源，通过计划、组织和控制，向社会提供体育赛事的全过程，其实质也是由输入到输出的转换过程。

将体育赛事管理视为由输入到输出的转换过程，实质上反映了社会主义市场经济条件下，对效率和效果的追求。体育赛事尤其是我国国内的体育赛事并非都属于商业性赛事，有许多是公益性赛事，但其同样需要提高赛事运作的效率，更好地发挥赛事的经济效益和社会效益。这既符合社会主义市场经济对资源合理高效配置的要求，也适应了当今世界珍惜资源、创造节约型社会的趋势。

一方面，体育赛事管理强调效率。体育赛事管理的效率是指赛事资源输入和输出的关系。对于给定的资源投入，如果赛事运作管理者能获得更多的输出，就意味着提高了效率。同样，如果以较少的资源投入，赛事运作管理者能够获得同样的输出，也是提高了效率。能够投入体育赛事运作的资源（资金、场馆、设备、人力、技术等）是有限的，所以赛事运作管理者必须时刻关心这些资源能否得到有效利用。

另一方面，体育赛事管理强调效果，即管理必须实现赛事的目标。当赛事运作管理者实现了赛事的目标时，我们称其运作是有效果的。而赛事的目标又与客户需求是紧密相关的，无论是怎样的赛事，都是为了满足某种客户需求而存在和发展的。

效率和效果在体育赛事管理过程中互相联系。体育赛事运作的理想状态是高效率与高效果，这也是赛事运作所追求的目标。然而，在给定的设计、流程、技术条件，即效率水平一定的条件下，效率和效果经常是互为消长的关系，即提高效率通常会降低效果，增强效果则会使效率下降。例如，大型体育赛事运作管理者为了提高观众入场的速度，可以设置更多的安全检测装置和配备更多的安保人员，但这必然意味着成本的上升。

赛事运作管理者面临两大挑战：其一，是在效率和效果之间寻求适当的平衡点，这对于赛事运作管理者来说既是一门科学又是一门艺术；其二，提高运作的效率，使体育赛事管理系统的设计更合理、业务流程更顺畅等。

二、体育赛事运作管理过程

体育赛事运作管理过程是赛事运作管理者在计划、组织、领导和控制时所做的决定和工作。这意味着当赛事运作管理者管理时，他们的活动通常是以一个连续的方式完成的，即一个过程。根据这个理论可以认为，体育赛事运作管理是一个过程，赛事运作管理者在赛事管理过程中行使着计划、组织、领导和控制职能。计划职能包含规定组织的目标，制订整体战略以实现这些目标，以及将计划逐层展开，以便协调和将各种活动一体化；组织职能是设计组织结构，包括决定组织要完成什么任务、谁去完成、任务怎样分类组合、谁向谁报告以及各种决策应在哪一级制订等；领导职能包括指导和协调组织中的人、激励下属、指导活动、选择有效的沟通渠道以及解决组织成员之间的冲突等；控制职能是监控、比较和纠正的过程。

体育赛事运作管理过程有时间阶段性，这主要是跟体育赛事运作管理要素的时间顺序性有关。体育赛事不是凭空而来的，申办是获取体育赛事举办权的主要形式。无论何种规模的体育赛事，在获取举办赛事的资格后，整个赛事运作管理都会表现为赛事筹备期、赛事期和赛事结束三个阶段。在各个阶段，赛事运作管理者需要完成各种不同的任务，这些任务与赛事目的和目标有关。因此，体育赛事运作管理过程就是对体育赛事运作管理要素所表现出来的复杂内容的管理。

拓展阅读

让体育赛事发挥更大作用

体育赛事在促进区域文旅发展、带动体育产业、激发体育消费等方面的作用日益凸显，成为区域经济发展的助推力量。

如何让体育赛事发挥更大作用？近年来，各地因地制宜，结合地域特色、风土人情，创新“体育+”发展模式，进行了各类有益探索。

日前，《体育总局办公厅　商务部办公厅　文化和旅游部办公厅关于开展“体育赛事进景区、进街区、进商圈”活动的通知》，鼓励各地因地制宜、因时制宜、因需制宜，结合运动项目特点，将体育赛事活动举办地从体育场馆扩展至具备条件的景区、度假区、体育公园、商业中心、步行街等区域，推动完善配套设施，提升服务水平，加强安全管理，培育赛事活动品牌。

发挥体育赛事对于区域经济的拉动作用，已有不少成功案例。近年来，以“村BA”“村超”为代表的乡村体育赛事成为人们关注的热点，在“村BA”的带动下，贵州省黔东南苗族侗族自治州台江县一年内接待游客200余万人次，旅游收入超23亿元。《2023年上海市体育赛事影响力评估报告》显示，2023年上海举办的118项赛事带动相关消费37.13亿元。

体育赛事走出场馆，对全民健身也有巨大的促进作用。景区、街区和商圈内拥有更广大的观赛群体，群众可以在休闲、游玩之余观赏体育比赛、了解体育文化、激发运动热情。

景区有丰富的旅游资源，街区有丰富的民俗文化，商圈有丰富的消费场景，如何促进文体旅深度融合，还需各地挖掘自身潜力、完善配套设施、提升服务水平，多动脑筋、多下功夫。

如今，随着越来越多体育赛事走出场馆，走进景区、街区和商圈，体育在助力经济社会发展、不断满足人民群众对美好生活的需要方面将发挥更大作用。

（资料来源:《人民日报》，2024年4月9日，有修改）

◆ 思政园地

青春逢盛世 奋斗正当时
——写在第一届全国学生（青年）运动会开幕之际

青春的面孔，遇见青春的赛会，在满眼青翠的“中国绿城”南宁擂响青春的战鼓。2023年11月5日，第一届全国学生（青年）运动会（以下简称“学青会”）在广西南宁开幕。两万多名年轻的运动健儿踏上青春的赛道，追逐梦想、拼搏奋斗。

从城市运动会到青年运动会，再到与学生运动会合并，学青会成为推动新时代青少年和学校体育改革发展、增强青少年和学生体质、促进竞技体育后备人才培养的重要措施，是检验体教融合成果的重要平台，对加快推进教育强国、体育强国建设具有重要意义。

昂扬斗志激荡在青春赛道上

“逐梦新时代 青春更精彩！”从2023年7月开始，学青会部分赛事陆续在各地开赛，运动员们以饱满的热情、昂扬的斗志在赛场上激烈角逐，展现青春风采。他们当中不乏已经在国际、国内大赛上崭露头角的选手，有的连续征战了成都大运会、杭州亚运会，又来到学青会的赛场。

赛场上，体育健儿们英姿飒爽、朝气蓬勃；赛场外，志愿者“小青芒”挥洒汗水、默默奉献。志愿服务是学青会上一道靓丽的风景线。为了保障学青会各项工作顺利进行，广西按照“馆校对接”工作模式，从32所高校招募了1.65万名志愿者服务首届学青会。他们以实际行动发扬“奉献、友爱、互助、进步”的志愿精神，展现出“小青芒”的风采，使这场青春的赛会更加丰满和精彩。

不少“小青芒”早已投入忙碌的志愿服务工作中。广西建设职业技术学院的大二学生黄佳芹和伙伴们一起参与了跆拳道裁判团队的接待工作。“虽然忙到晚上10点多，但是一点也不觉得累。这次志愿服务工作会成为我大学生活里非常宝贵的记忆。”她说。

“全民参与、全民共享”的体育盛会

本届学青会是广西承办的第一个竞技类全国综合性运动会。首次“大考”，广西秉承“全民参与、全民共享”的办赛思路，在14个设区市均安排了赛事，旨在带动全区体育事业发展，让赛事拉动效应和场馆赛后利用能惠及更多地市。

以“体育之光”铸“强国一代”

少年强则中国强。本届学青会是全国学校体育工作的一次大竞赛大交流，也是青年学生青春活力和风采的大展示，将极大推动校园体育活动的开展，为青少年广泛开展体育锻炼营造更加浓厚的氛围。

（资料来源：中国政府网，2023年11月5日，有修改）

◎ 案例简析

全力打造首都城市的世界网球“金名片”

北京中国网球公开赛体育推广有限公司（以下简称“中网公司”）和中国网球公开赛，自2004年办赛以来，从最初的光彩网球场到国家网球中心，从国际女子网球协会（WTA）500赛和职业网球联合会（ATP）250赛事到WTA 1000赛和ATP 500赛事，从总奖金110万美元到总奖金超过1000万美元，从774小时的转播时长到8374小时的转播时长……无数网球爱好者一路见证了中国网球公开赛的成长与发展。

从“北京城市名片”到“城市会客厅”，再到“假日综合消费业态”，中国网球公开赛历经三个运营阶段，品牌影响力和赛事商业价值不断扩大。为持续擦亮这张“金名片”，为实现北京市委市政府提出的“中国网球公开赛焕然一新”的要求，北京首都创业集团有限公司（以下简称“首创集团”）克服重重困难，凝聚力量、全力以赴，支持中网公司发展。首创集团不断推动中网公司走上以顶级赛事为龙头，向园区及网球赛事产业链运营转型的全新发展路径。

2020年，在北京市委市政府、市国资委的大力支持下，中网公司正式划转至首创集团。自此，首创集团作为北京市管企业，以高度的政治责任感、使命感，承接起打造首都城市“金名片”的重任。“讲政治、保赛事、明战略、聚人才、活机制、善经营、强管理、靓品牌”一系列工作方针的系统推进，开启了首创集团深耕文体板块的全新征程。

接管中网公司以来，首创集团积极解决公司和赛事面临的资金和资源两大瓶颈，促成中网公司与北京市朝阳区的合作，实现了赛事多年来“道器合一”的夙愿，为以中网公司为核心和龙头的体育产业链打造出更为扎实有力的发展条件。

2021年4月6日，中网公司与北京世奥森林公园开发经营有限公司正式签署协议获得国家网球中心北区运营权。自此，首创集团陆续投入近4亿元对园区进行整体提升改造，主要包括钻石球场装饰装修工程、新建配套综合服务楼工程、园区景观环境优化提升工程等三大部分。

如今，焕然一新的中网园区钻石球场更加闪耀，赛事管理服务系统更加高效智能；配套综合服务楼拔地而起，为中国网球公开赛提供更加多元的服务支持；园区环境更加优美，成为广大市民假日休闲娱乐的又一理想选择。

在“让网球运动成为更多人的生活方式”这一愿景引领下，中网公司以中国网球公开赛为核心，以发展网球延伸产业为特色，以园区多业态运营为支撑，以科技创新为驱动，不断做活场馆、做热园区、做深人群、做精服务、做靓品牌。

因为责任，因为热爱，中网公司深培网球热土，持续做精做深服务。从“益如继网”2021年中国宋庆龄基金会“中网公益基金西藏行”到“体育向善、社会共好”网球公益活动，中网公司支持公益活动的脚步不断深入；从组织“钻石杯”青少年网球挑战赛到“贝壳杯”在京机关企事业单位网球邀请赛，中网公司不断培育扩大网球运动基础人群；从“网球中的红色记忆”文化展系列活动到中国网球历史文化巡展，中网公司通过多种形式，传承传播网球文化。

（资料来源：首创集团党委公众号，2023年2月17日，有修改）

思考

解析

中网公司在打造首都城市网球金名片的过程中，采取了哪些措施？

实训项目

解析

项目一

请根据所学体育赛事的阶段任务知识为即将在本地举办的荧光夜跑赛事进行管理方案框架的设定。

要求：体现“计划、决策、组织、控制、领导、创新”6大赛事管理过程。

项目二

请为即将在Y市举行的“2025年环X湖国际公路自行车赛”设计富有创新的赛事启动仪式。（可采用头脑风暴法、名义群体法、团体传球法、小组讨论法撰写。）

体育赛事管理案例

模块二　体育赛事战略规划和计划

教学提示

1. 体育赛事战略规划的概念；
2. 制订体育赛事战略规划的要点及 SWOT 分析法；
3. 体育赛事计划的定义；
4. 体育赛事计划的类别；
5. 体育赛事计划的要求；
6. 体育赛事进度计划的概念及方法；
7. 体育赛事范围计划的概念及方法。

模块概要

体育赛事战略规划是体育赛事运作的起点，能为进一步制订体育赛事具体计划提供重要参考，也是体育赛事成功举办的关键一步，可以为一项体育赛事进行定位，使其区别于其他赛事，获取自身独有的赛事价值和竞争优势，实现赛事既定运作目标。

项目一 体育赛事战略规划

一、体育赛事战略规划的概念

体育赛事战略规划是指对体育赛事的发展方向、目标、策略和行动计划进行的系统、全面的规划和设计。它旨在通过科学的决策和合理的资源配置，实现体育赛事的长期发展。

体育赛事战略规划通常由赛事主办方、政府体育部门、赞助商和其他相关利益方共同参与。这一过程需要对赛事的内外部环境进行深入分析，明确赛事的定位和目标市场，制订具体的目标和策略，以及相应的实施计划和评估机制。通过制订体育赛事战略规划，可以帮助体育赛事更好地适应变化多端的市场环境，提高竞争力，增强可持续性。

二、制订体育赛事战略规划的要点

1. 目标明确

制订体育赛事战略规划的首要任务是明确体育赛事的长期目标和短期目标，这些目标应该是具体的、可衡量的、可实现的、相关性强的和有时限性的。长期目标应关注体育赛事的发展方向和愿景，短期目标则应更侧重具体的实施计划和预期成果。

2. 环境分析

制订体育赛事战略规划需要在深入了解内部条件和外部环境的基础上进行，包括对赛事自身的优势、劣势、机会和威胁进行分析（SWOT分析），以及对市场趋势、竞争对手、目标受众等因素进行研究。

3. 资源配置与计划

首先，根据赛事目标和环境分析的结果，合理分配和利用可用资源，包括财务资源、人力资源、技术资源等；其次，结合资源情况制订具体的行动计划和策略，详细说明如何实现既定目标。

4. 监控与评估

建立一套有效的监控与评估机制，定期检查体育赛事战略规划的实施情况和效果。这有助于及时发现问题，并调整策略，确保体育赛事战略规划的顺利实施。

三、SWOT分析法

SWOT分析法是一种策略规划工具，用于识别和评估组织、项目或业务计划中的优势（Strengths）、劣势（Weaknesses）、机会（Opportunities）和威胁（Threats）。在体育赛事战略规划中，SWOT分析法能帮助主办方了解赛事在当前市场环境中的位置，全面了解赛事面临的内外部环境，识别关键问题和挑战，从而制订更加有针对性和实效性的战略规划，优化资源配置，提高赛事的竞争力和可持续性。（表2–1）

表2–1　某体育赛事SWOT分析内容

优势（S）	劣势（W）
品牌影响力：体育赛事品牌的知名度和影响力，包括历史沉淀、荣誉成就等 组织能力：主办方的组织、管理和执行能力，以及赛事的专业化水平 资源配置：可用的财务资源、人力资源、技术支持和设施条件等 合作伙伴关系：与赞助商、媒体、政府等关键利益相关者的良好合作关系	资金不足：财务资源有限，影响赛事的规模和质量 市场定位不明确：缺乏明确的目标市场和受众群体 设施和技术落后：赛事设施老旧，技术支持不足，无法满足现代赛事的需求 人才短缺：专业人才不足，影响赛事的组织和推广
机会（O）	**威胁（T）**
市场扩展：体育消费升级，新兴市场的开拓 技术进步：新技术的应用，如大数据、人工智能在赛事管理和观赛体验中的提升 政策支持：政府对体育产业的扶持和优惠政策 合作拓展：与国内外赛事、品牌的合作机会，共享资源	竞争加剧：同类赛事的竞争，包括国内外赛事的竞争压力 经济波动：宏观经济波动对赞助商和观众消费意愿的影响 政治和社会因素：政治不稳定、社会动荡等外部因素的不确定性 自然和健康危机：自然灾害、全球性健康危机对赛事的潜在影响

拓展阅读

体育赛事战略规划在体育赛事计划中具有至关重要的意义，它能帮助赛事明确清晰的发展方向和目标，确保赛事组织者在竞争激烈的市场中不会盲目行动或随意调整计划。这种规划提高了资源管理的效率，包括人力、财力和时间，从而减少资源浪费和重复投入，增加运营效率。通过战略规划，体育赛事能更有效地把握市场机遇，挖掘潜力，提升品牌形象和市场竞争力。此外，体育赛事战略规划还能帮助识别和评估潜在风险，制订风险管理策略，降低不利影响。其也能促进组织内部的协调和沟通，增强团队凝聚力和执行力。作为一个持续的过程，通过不断评估和调整体育赛事战略规划，使体育赛事能持续优化策略和运营方式，以适应市场变化和满足发展需求。

◆ 思政园地

第十四届全国冬季运动会开幕在即：唱响草原欢歌　绽放冰雪激情

2024年2月17日20时，第十四届全国冬季运动会（以下简称“十四冬”）在内蒙古自治区呼伦贝尔草原上开幕。作为2022年北京冬奥会后举办的全国冬季项目综合性体育赛事，“十四冬”将是历届全国冬季运动会中规模最大、项目最多、标准最高的一届，将谱写我国冬季运动 的新篇章。

“十四冬”共设8个大项、16个分项、176个小项，将有3700余名选手参赛，其中包括苏翊鸣、徐梦桃和武大靖等冬奥冠军。“十四冬”首次设置了群众组比赛，让更多人也有机会在全国比赛的舞台上一展身手。

在精彩中彰显传承

2月16日，“十四冬”短道速滑（公开组）迎来了开赛以来的首个“金牌日”，炫目的灯光秀、高质量的冰面、激动人心的倒计时……内蒙古冰上运动训练中心短道速滑馆内比赛氛围热烈。

任子威、林孝埈、刘少昂等选手你追我赶，表现精彩；武大靖、韩天宇等征战过多届冬奥会的老将令人瞩目。“我们对冬运会充满热情，期待在这个赛场上创造更多可能。”武大靖说，尽管他如今已是吉林省体育局冰上运动管理中心运动员兼教练员，但只要踏上赛场，依旧壮志不减当年。

2月16日上午进行的冬季两项（公开组）女子10公里追逐比赛中，曾三次征战冬奥会的唐佳琳拼得一枚铜牌。唐佳琳说：“依然能够和年轻选手们同场竞技，我已经很满足了。”

选手们齐聚一堂，携手比拼中也彰显着中国冰雪运动发展的传承之路。

“我们每代人都有自己的挑战，现在年轻人所面对的挑战就是国内竞争更加激烈。”复出征战“十四冬”的冰壶名将王冰玉坦言。2024年1月在江原道冬青奥会上大放异彩后，来到“十四冬”赛场的小将李金恣收获了短道速滑（公开组）女子1500米决赛B组的第五名，“B组的竞争太激烈了，没赶上去”。激烈竞争的另一面则是我国冬季运动良好的发展态势。

观赛热带来旅游热

16日上午的比赛结束后，仍有不少观众守候在内蒙古冰上运动训练中心出口外，等待为选手加油助威。内蒙古自治区呼伦贝尔市海拉尔区当日的最低气温接近零下20℃，“十四冬”的各个赛场却热火朝天。

从北京来的朱黎婧夫妇2月16日上午刚下飞机，就奔向赛场。“我们专门来看短道速滑的比赛，买了3个决赛比赛日的门票。”朱黎婧说，他们已经成为这个项目的铁杆观众。

“十四冬”观赛热带来了旅游热。朱黎婧说，没有比赛的时间也早有安排，“呼伦贝尔古城、莫尔格勒河景区，这些地方都打算逛一逛。”

“十四冬”各个赛区早已做好准备，迎接八方来客。呼伦贝尔古城到处是冰雪运动元素，2月14日至“十四冬”闭幕的27日期间，将举办7场文艺演出。

从赤峰到乌海，从鄂尔多斯到通辽，再到海拉尔，各个赛事举办地，各式各样的冰雪旅游活动丰富多彩。内蒙古自治区文化和旅游厅发布的数据显示，春节假期前5天，全区接待国内游客2097.53万人次，是2023年同期的6.29倍；实现旅游收入148.79亿元，是2023年同期的8.52倍。借由“十四冬”的契机，冰雪旅游的热潮正越来越旺。

与以往全国冬运会有所不同的是，冰雪运动爱好者也可以在“十四冬”上唱主角。1月13日至14日两天，410名运动员、教练员在呼和浩特市东河冰场参与了“十四冬”群众比赛，群众在冰场、雪场里同样享受运动的乐趣。

海拉尔气候寒冷，供暖期从每年9月底一直延续到次年5月。然而，在“十四冬”带动下，观赛热、旅游热和健身热，温暖了这里寒冷的冬天。全运惠民，有了实实在在的注脚。

内涵更丰富、功能更多元

滑雪登山是2026年米兰-科尔蒂纳冬奥会的新增大项，也首次成为全国冬运会的比赛项目。“运动员通过参加‘十四冬’滑雪登山项目，不仅提高了竞技水平，还提高了心理适应能力，‘十四冬’是对滑雪登山项目的一次很好推广。”国家体育总局登山运动管理中心高山运动部相关负责人说，“对于2026年冬奥会，我们相信可以冲击该项目的奖牌，争取拿到好成绩。”

作为国内最高规格的冬季赛事，全国冬运会肩负着为冬奥会练兵的重要任务。从“十二冬”到“十三冬”，再到如今的“十四冬”，全国冬运会在设项方面向冬奥会不断靠拢，提升冬奥项目占比，并增设青年组比赛。

冬运会的变化也显现出中国冰雪运动的发展态势。首次以省、自治区、直辖市为单位组团参赛，是“十四冬”的又一个显著变化。有更多的代表团特别是南方省份的代表团实现了冬运会首次参赛，体现着冰雪运动“南展西进东扩”的成果。

全国冬运会一路发展至今，内涵更丰富、功能更多元，不仅是提高我国竞技体育国际竞争力的重要舞台，也是群众畅享冰雪运动的盛会。“十四冬”为我国冰雪运动可持续发展带来了新的希望。

（资料来源：《人民日报》，2024年2月17日，有修改）

◎ 案例简析

成都大运会“办赛”篇：绿色、科技、文化理念，为世界树立新标杆

2023年7月28日至8月8日，第三十一届世界大学生夏季运动会（以下简称“成都大运会”）圆满举行。来自113个国家和地区的6500多名大学生运动员相聚成都，参与18个大项269个小项的角逐。

以“成都成就梦想”为口号，成都大运会的筹办过程，也是梦想在成都实现的过程。梦想照进现实的实感，体现在参与成都大运会的每个人身上，也映照在成都以建设世界赛事名城为目标的城市发展过程中。

成都大运会秉持“办赛、营城、兴业、惠民”四位一体的理念，不仅实现了赛事与合作伙伴的相互成就，还让市场开发深度赋能成都的城市品牌建设和区域经济的长远发展，同时成为体育强国战略的有力推手。

保证赛事质量，打造赛事影响力，这是成都大运会筹办的最基础的出发点。支撑赛事的营收和良性运营，是市场开发工作最直接的价值，市场开发工作从赞助、特许经营、票务等多个方向获得的收入，支持了赛事在自负盈亏的基础上，带来更高质量的赛事内容呈现和合作伙伴服务，形成了可持续的赛事运营生态。

坚守绿色低碳理念，创新商业合作思路

成都大运会以赛事碳中和目标为引领，切实将绿色低碳理念贯穿到赛前、赛中、赛后全过程。成都大运会的市场开发工作同样紧紧围绕绿色、低碳、可持续的理念，充分利用合作伙伴价值，为赛事实现经济、社会、环境的综合效益提供了强大支持。

打造文创爆点，深挖文化底蕴

2019年12月，成都大运会正式发布了特许经营计划。赛会执委会特许经营团队充分借鉴2022年北京冬奥会等体育大赛特许经营工作的成功经验，与合作伙伴共同打造了受到市场充分认可的“蓉宝宇宙”。

成都大运会的特许经营产品销售收入超过了以往任何一届大学生夏季运动会（以下简称“大运会”）同类别收入数据，创造了大运会赛会历史新的纪录。如果参考以往多届奥运会的特许经营产品销售收入，成都大运会在特许经营这个维度上已经达到了“奥运水准”。

科技赋能大运，助力城市科创发展

围绕“科技大运”的核心理念，成都大运会执委会制定了《科技赋能大运行动方案（2023版）》，实施大运科技专项。重点围绕主场馆、大运村等空间，在场馆建设、赛事保障、数字观赛等方面，实施了170余项技术产品，覆盖30余个场馆，为办赛、参赛、观赛提供科技支撑。相比于往届大运会，成都大运会从技术产品的应用数量和应用方向上向2022年北京冬奥会为代表的“奥运标准”充分看齐。

成都大运会的科技成果直观反映出数字化和科技创新与体育赛事深度结合的趋势，在此基础上，“科技大运”留下的场馆、交通、思维习惯等大赛遗产，正在全面赋能成都的城市基础设施建设，成为“科技蓉城”和“智慧蓉城”新的驱动力。虽然经历两次延期，成都大运会组委会依然兑现了承诺，将一届充分展现国际标准、中国风格、巴蜀韵味的国际体育盛会带给了世界。

（资料来源：禹唐体育，2024年1月23日，有修改）

思考

解析

大运会的举办目的是什么？它的办赛理念是什么？赛事中如何实践办赛目的和办赛理念？

● 实训项目

解析

项目一

为了丰富同学们的课余生活，我院计划开展各系部篮球赛事，请根据以下内容，写一份赛事计划书，要求涵盖活动目的、活动细则和具体流程等环节。

（1）全面策划赛事流程。对活动目的、活动细则和具体流程等环节进行全面且系统的策划。

（2）团队合作与分工。充分利用团队合作，明确分工，每个团队成员应承担特定的责任，确保赛事各项工作有序进行。

项目二

设计并执行一个体育赛事的数字营销方案，以增加赛事的曝光度、参与度，具体要求如下：

（1）设定具体、可衡量的目标，如增加赛事官方网站或社交媒体平台的访问量、提高参与者注册数，以及增强赛事品牌宣传力度。

（2）开发创新的数字营销策略，利用多种社交媒体渠道（如微博、抖音等平台）以及可能的在线广告和内容营销手段，设计吸引人的内容和互动活动。

项目二 体育赛事计划概述

一、体育赛事计划的定义

体育赛事计划指的是在体育赛事的策划、组织、执行、监控及评估等各个阶段，对赛事的目标、内容、范围、资源、时间、成本、质量和风险等进行系统的规划和安排。它包括但不限于赛事的目标设定、结构设计、资源分配、时间管理、风险评估与控制等多个方面。

二、体育赛事计划的类别

1. 战略计划

战略计划是体育赛事战略规划中最为宏观的部分。它涉及整个赛事的长远目标、宗旨和愿景，着眼于赛事的总体方向和发展，包括确定赛事的核心价值、目标受众、市场定位以及与其他体育赛事的区别等。

体育赛事战略计划的周期较长、涉及面较广，计划目标具有较大弹性。制订这类计划的主要依据是国家政策要求及社会大环境需求，其中社会大环境往往是多变的、难以捉摸的。这就对体育赛事战略计划的制订者提出了较高的要求，制订者需要考虑体育赛事的可持续性。在制订体育赛事战略计划时，制订者需要进行市场研究，了解目标群体的需求和期望，分析竞争对手，以及评估自身的资源和能力。基于这些信息，制订出一系列战略目标和关键绩效指标，以便在战略计划的实施过程中评估进度和成效。

2. 战术计划

战术计划是将战略计划中确定的目标转化为具体行动的过程。它更关注中短期的目标和实现这些目标的具体方法。战术计划涵盖了资源分配、人员配置、营销和宣传活动、票务管理、场地布置等多个方面。

在战术计划中，具体策略的制订至关重要。例如，为了吸引目标受众，赛事组织者可能会决定通过特定的社交媒体平台进行营销，或与知名运动品牌合作推广赛事。此外，战术计划还需要考虑如何有效地利用有限的资源，确保赛事的顺利进行，以达到预定的目标。

3. 作业计划

作业计划是赛事计划中最具体、最详细的部分。它涉及赛事准备和执行的每一个细节，包括日程安排、场地准备、志愿者培训、安全措施、紧急应对方案等。作业计划的目的是确保赛事的每个方面都能按照既定的标准和程序顺利执行。

制订作业计划时，需要考虑到各种可能的情况和突发事件，并制订应对措施。此外，为了保证赛事顺利进行，还需要定期对赛事的各个环节进行监控和评估，及时调整计划以应对实际情况的变化。

综上，战略计划、战术计划和作业计划是体育赛事成功举办的关键。它们从不同的层面对赛事进行规划和管理，确保赛事顺利进行，实现组织者的目标。

三、体育赛事计划的要求

1. 具体性

具体的计划能够为体育赛事的筹备和执行提供清晰的方向和标准，确保所有参与者能够准确理解自己的任务和责任。体育赛事计划的具体性首先体现在赛事目标的设定上，体育赛事的目标不应模糊或过于广泛，而是需要具体、可量化，并能够直接指导体育赛事的各个具体环节，包括时间安排、地点选择、人员安排、资源分配和后勤支持等。例如，若赛事的一个目标是提升特定体育项目在青少年群体中的普及度，那么这一目标应进一步细化参与人数、活动类型、宣传覆盖范围等具体指标。

2. 可行性

体育赛事计划的可行性要求赛事组织者在计划制订阶段就充分考虑实际操作的可行性，确保赛事计划既符合赛事目标，又能够在现有条件下顺利实施。这涉及对赛事所需资源的全面评估，包括财务资源、人力资源、场地设施等，以及对赛事实施过程中可能遇到的挑战和障碍的预判。例如，在决定赛事规模和形式时，组织者需考虑目标受众的偏好、参与者的可达性、赞助商的支持程度以及竞争活动的影响等多个因素。在资源配置方面，体育赛事计划应确保所需的财务投入与预期收益相匹配，人力资源的配置能够满足赛事的各项需求，同时还要有针对性地规避潜在风险。

3. 灵活性

灵活性体现在赛事计划的各个方面，从时间安排到资源分配，再到活动内容的设计，都需要考虑到可变因素，如不可控的天气变化、参与者突然变动、技术故障或是更广泛的社会经济因素变化等，并制订相应的应急预案。制订体育赛事计划时也要考虑到赛事时间表可能遇到的延期或调整，资源分配计划也应预留一定的缓冲资源以应对突发需求，活动内容的设计也应允许一定程度的变动以适应参与者的实际情况。

拓展阅读

体育赛事计划的制订是一个复杂而精细的过程，它要求赛事制订者不仅要具备丰富的体育知识和组织能力，还要拥有前瞻性的思维和细致的执行力。一个清晰、逻辑性强且易于理解和执行的体育赛事计划是成功举办赛事的关键。计划的格式通常包含几个核心部分：指导思想、目的要求、计划任务安排、具体措施、经费与物质保障以及各项活动的时间进度安排。

首先，制订者需要阐述赛事的基本理念和价值观，明确赛事旨在促进健康生活方式、弘扬体育精神、提升社区凝聚力等核心理念，并解释如何用这些理念指导赛事的筹备和进行。第一，进一步详细地列出赛事的具体目标和要求，不仅包括提升体育竞技水平、促进经济发展等宏大目标，还应涵盖对参与者、观众以及社会影响等方面的具体要求。这有助于为体育赛事的具体筹划和执行提供明确方向，确保所有参与方能共同努力，实现这些目标。第二，根据目标详细制订从前期筹备到赛事结束所有关键任务及其时间安排，确保赛事的各个组成部分能够按计划顺利推进，避免时间和资源的浪费。

其次，制订者应详细描述为达成赛事目标所采取的策略和行动计划，包括营销推广、合作伙伴关系建立、技术支持、安全保障等方面。这些详尽的措施计划应为体育赛事的高效、有序运作提供指导，同时应为可能出现的挑战和问题预设解决方案。制订者在经费与物质保障方面还应详细列出赛事的财务预算、资金来源和物资供应等关键信息。

最后，制订者应精确规划赛事的整体时间表和各个具体活动的时间表，包括赛事的启动、预热、开始、进行和结束各个阶段的时间点。良好的时间进度安排不仅能确保体育赛事的流畅进行，还能为参与者、观众和媒体提供清晰的参与指南。

综上，一个周密的体育赛事计划不仅包括赛事的指导理念和具体目标，还详尽地规划了任务分配、执行措施、财务预算及赛事日程，这些都是确保体育赛事成功举办的关键要素。通过这样的格式化计划，制订者能够系统地组织和管理赛事的各个方面，最大限度地减少风险，提高体育赛事的整体质量和影响力。

◆ 思政园地

规模空前的运动会是怎样“炼成”的？——二青会赛制变革背后

2019年8月8日，第二届全国青年运动会（以下简称“二青会”）在山西太原开幕，这是一场规模空前的综合性体育赛事。最终3.3万余人参赛的办赛体量、创新的比赛机制和革新的办赛理念让二青会备受瞩目。

超大体量、超长赛程

二青会是一次超大体量的体育赛事，项目多、时间跨度长、地域分布广、参赛人数多。二青会赛事共设置了49个大项、1868个小项。比赛从2019年1月14日单板滑雪平行项目开始，一直到2019年8月18日二青会闭幕结束，时长超过七个月。这些项目分散在山西、广东、河北等十多个地方举办。

“报名工作从去年一直持续到2019年8月份，运动员参赛情况直到开赛前才最终确定，参赛人数的数据一直处在动态变化中。”二青会组委会竞赛部相关负责人说，依据二青会单项竞赛规程，1868个比赛项目满员为5.8万人，因此组委会一直将此数据作为参赛人数对外公布。直到开幕式前，随着山西以外赛区和在山西提前进行决赛的项目结束，以及开、闭幕式期间的比赛逐渐开赛，全部报名统计工作才基本结束。组委会在2019年8月8日下午举行的二青会开幕式新闻发布会上公布，参赛运动员共计33517人。然而，超过3.3万的参赛运动员数量对于一场运动会而言依然非常庞大，参赛人数超过了奥运会、亚运会和全运会，是第一届青运会参赛人数的数倍。

为何人多？因为项目多

记者了解到，参赛运动员大量“扩军”的背后是二青会比赛制度的变化。

一方面，二青会在项目设置上有很大突破。二青会设置的49个大项中，包括37个夏季项目、5个冬季项目和7个全能项目。增设冬季项目，与2022年北京冬奥会全面接轨；增设龙舟等中华民族传统体育项目，使二青会更富有“中国特色”；增设全能项目，充分利用我国不同项目之间的发展优势，立足现有资源，科学探索跨界跨项选材。

另一方面，在单个项目中，增设了不同的组别。与此前不同，二青会首次设立社会俱乐部组别，大多数比赛都被分成体校组和社会俱乐部组进行，同时每个项目又区分不同的年龄段。以足球为例，二青会男子足球比赛分体校组和社会俱乐部组，每个组内又分13岁组到19岁组7个年龄组别，这样仅男子足球比赛一项就会产生14枚金牌。

为什么要增设项目？

大刀阔斧改革赛制，体现了二青会办赛理念的转变，更是对青少年体育人才培养的新探索。二青会体制的变革，将让更多更广泛的青少年有机会参与进来，为下一步培养体育高精尖人才、建立人才储备库奠定基础。二青会能积极引导各级各类体校改革和发展，培育和健全社会俱乐部等民间组织，努力打造举国体制与市场机制相结合的青少年体育发展模式。

这么多赛事，场馆怎么解决？

如此多的比赛项目，数万名参赛运动员，二青会如何举办才能既节约又能保证办赛质量？相关负责人说，为减轻山西办赛压力，结合场馆实际，二青会将帆船、皮划艇（激流回旋）、冲浪（短板、长板）等夏季项目和绝大部分冬季项目安排在广东、上海、山东、河北、内蒙古等地分别举办。

山西承担了34个夏季项目和2个冬季项目。二青会组委会相关负责人介绍说，场馆建设坚持“能用不修、能修不建”原则，在确保赛事需要的前提下，更多利用现有场馆资源和设施，新建场馆要充分考虑赛后利用问题。结合原有场馆设施条件，山西在全省11个市、9个县区、12所学校因地制宜地规划了58个场馆承担比赛任务，其中新建19个、改扩建39个，大多数场馆是在原场馆基础上改造而来的。同时，充分考虑场馆赛后利用问题，尽可能地把场馆布局在体育场馆不足但将来必须建设的地方，如太原师范学院等几所高校，以及阳曲县等体育场馆严重滞后的贫困落后地区。

（资料来源：新华网，2019年8月12日，有修改）

◎ 案例简析

第二届全国青年运动会赛事计划重点工作

一、竞赛组织

竞赛组织是综合性运动会筹备工作的主体。要坚持“科学办赛、高效办赛、节俭办赛”的原则，结合山西实际，切实做好项目布局方案、比赛器材购置、办赛队伍培训、赛前试运行等一系列工作，确保第二届全国青年运动会（以下简称“二青会”）测试赛、决赛安全有序进行，努力为参赛运动员提供一个充分展示“更快、更高、更强”体育精神和不断超越自我的竞技舞台，为广大观众提供精彩纷呈的体育赛事。（山西省体育局牵头组织实施）

二、大型活动

开幕式在山西体育中心体育场举行，闭幕式在山西体育中心体育馆举行。开、闭幕式和火炬接力力求节约、创新，突出山西特色，展现青运风采。组织好二青会倒计时2周年、1周年、100天等文体活动，不断扩大二青会的社会影响力。（太原市牵头、山西省筹委会大型活动部组织实施）

三、新闻宣传

全面加强社会公益宣传和新闻媒体宣传，为筹备工作营造良好的舆论氛围。在各承办城市的中心广场、交通要道、机场车站和旅游景点，设置公益宣传广告，张贴悬挂宣传画。在有关网络和各大报刊设立二青会专刊、专栏，增加报道版面。在电台、电视台设立专题频道和节目，增加播出时段和时间。（山西省委宣传部牵头、山西省筹委会新闻宣传部组织实施）

四、市场开发

坚持“政府主导、市场运作、社会赞助”的原则，对二青会有形资产和无形资源进行整合，认真做好赞助招商、社会捐赠、电视转播报道权、特许经营、门票销售和其他商业资源开发，全力提升二青会的品牌价值。（山西省国资委牵头、山西省筹委会资源开发部组织实施）

五、志愿服务

坚持专业性与参与性相统一，拟定赛会志愿者和城市志愿者数量，制订以高校为主、社会招募为辅的二青会志愿者招募计划。科学确定志愿者的岗位、人数等，组织好岗前培训，提高志愿者的业务水平和服务能力。（共青团山西省委牵头、山西省筹委会志愿者工作部组织实施）

六、接待服务

以服务为宗旨，以满意为目标，精心组织赛时阶段各项接待工作，针对各市代表团、参赛队伍、媒体记者等不同服务对象，提供人性化、全面化的服务。（太原市政府牵头、山西省筹委会接待工作部组织实施）

七、综合保障

安全保卫：要坚持预防为主、防治结合的原则，维护赛事秩序，保持社会稳定，制订安全保卫工作方案和突发事件应急预案。（山西省公安厅牵头、山西省筹委会安全保卫部组织实施）

交通保障：要以运动队从驻地到赛区20分钟到达为目标，制订交通保障工作方案，做好出租车、公交车管理，做到车容整洁、服务文明、安全可靠。（山西省交通运输厅牵头、山西省筹委会配套服务保障部组织实施）

医疗卫生：省、市卫生计生、食品药品监管等部门要确保二青会期间医疗服务、食品安全、公共卫生、疾病防控和兴奋剂检查等工作有序开展。〔山西省卫生计生委（现山西省卫生健康委）牵头、山西省筹委会医疗卫生保障部组织实施〕

食品检验检疫：筹建二青会副食品基地，强化食品检验检疫力度，确保不发生食源性兴奋剂事件。（山西省食品药品监管局牵头、山西省筹委会食品药品安全保障部组织实施）

气象服务：对各赛区历史气象数据进行分析研究，做好赛会期间的气象保障工作，为开幕式等重大室外活动做好人工消雨等气象防治工作。（山西省气象局牵头、山西省筹委会配套服务保障部组织实施）

水电气保障：对各比赛场馆、宾馆驻地的供水、供电、供气设施进行安全检查、维修整改，并对其实施重点保障，确保用水用电用气安全。（山西省筹委会配套服务保障部组织实施）

信息技术：完善通信网络信息系统，覆盖各赛区场馆和宾馆驻地，为竞赛组织、信息发布、新闻宣传、指挥调度工作提供优质服务。（山西省通信管理局牵头、山西省筹委会信息技术部组织实施）

八、精神文明建设

深入开展系列宣传教育和精神文明创建活动，提高市民的思想道德素质和窗口行业服务水平，营造浓郁的办赛氛围。结合“文明城市”创建等活动，改善城乡人居环境，以天蓝气爽、山清水秀的崭新形象迎接二青会召开。（山西省筹委会新闻宣传部牵头组织实施）

九、全民健身

坚持全民健身与二青会同行，对全民健身事业与办赛参赛工作同等重视、同时研究、同步发展。全面启动“全民健身与青运同行”“强健体魄·阳光生活·共享青运”等活动，利用全民健身日， 二青会倒计时2周年、1周年、100天等时间节点，广泛组织全民健身系列活动，使全省人民的健身意识明显增强，健身条件明显改善，健康素质明显提高，真正让群众从承办二青会中得到实惠，共享发展成果。(山西省体育局牵头组织实施)

（资料来源：《山西省人民政府办公厅关于印发第二届全国青年运动会筹备工作方案的通知》，2016年11月11日，有修改）

思考

赛事计划的重点工作包括哪些方面？请选出三项，简要描述其目的和实施方式。

解析

实训项目

项目一

某镇计划在“全民健身日”期间开展全民健身赛事活动，请你为该赛事撰写相关的计划工作方案。

解析

项目二

分组制订一份校园体育赛事计划。以下是具体要求：

(1) 赛事类型可以是足球、篮球、乒乓球、田径等，具体赛事类型由各组自行选择。

(2) 从赛事策划开始，赛事计划应包括赛事宣传、参赛队伍招募、赛程安排、赛事执行、赛后总结全过程。

(3) 本项目预计历时4周，组内成员共同完成，具体时间安排可根据实际情况调整。

赛事计划

项目三　体育赛事具体计划

一、体育赛事进度计划

1. 体育赛事进度计划的概念

体育赛事进度计划是指对体育赛事从筹备到落幕全过程的各项活动和任务进行时间分配、资源调配和顺序安排的一种计划。这种计划涉及的是如何有效地使用时间和资源，确保每一环节都能按时顺利完成，使赛事能够达到预期的效果。进度计划的核心在于时间管理，它确保了所有参与方，包括组织者、运动员、赞助商、媒体以及志愿者，都能在合适的时间进行各自的活动。

进度计划不仅包括简单的时间线和任务列表，更是一个动态的管理过程，能够随着体育赛事的进度随时调整。在这个过程中，进度计划制订者需要不断监控进度，对比实际情况与计划的偏差，并根据需要进行调整。这需要制订者具有灵活性和快速响应变化的能力，以确保体育赛事能够在预定的时间内成功举办。

此外，体育赛事进度计划还包括风险管理。这意味着制订者需要识别可能影响体育赛事进度的潜在风险，并制订应对策略，以避免或减轻这些风险对体育赛事进度的负面影响。

2. 体育赛事进度计划的内容

体育赛事进度计划包括详细的任务分解、时间分配、资源配置、监控机制等多个方面。在进度计划的制订初期，制订者应首先进行任务分解，确定必须完成的所有工作，并将它们拆分成可管理的任务组件，这些任务包括赛事筹备、参赛队伍注册、赛前培训、场地准备、安全措施及赛事推广等。随后，制订者会为这些任务分配明确的起始和结束日期，绘制出包括关键里程碑事件和依赖关系在内的整体时间线，确保每个环节都有充足的时间来完成。资源配置则涉及财务、物资、人员及技术资源的合理配置。风险管理部分需要评估并制订应对可能影响赛事进度的各种风险的策略，如制订恶劣天气或安全问题的应对计划。在体育赛事筹备和执行过程中，还需要不断监控进度并与预定计划进行对比，确保赛事能够按照既定时间表推进；如遇偏差，要及时调整计划和资源配置，以实现赛事目标。这一系列细致的步骤组合能保证体育赛事的高效和有序进行。

3. 制订体育赛事进度计划的方法

（1）甘特图。

甘特图是对简单项目进行计划与排序的一种常用工具。它以图示的方式通过活动列表和时间刻度形象地表示出任何特定项目的活动顺序与持续时间。横轴表示时间，纵轴表示要安排的活动，线条表示在整个计划中所占的时间段。（图2–1）

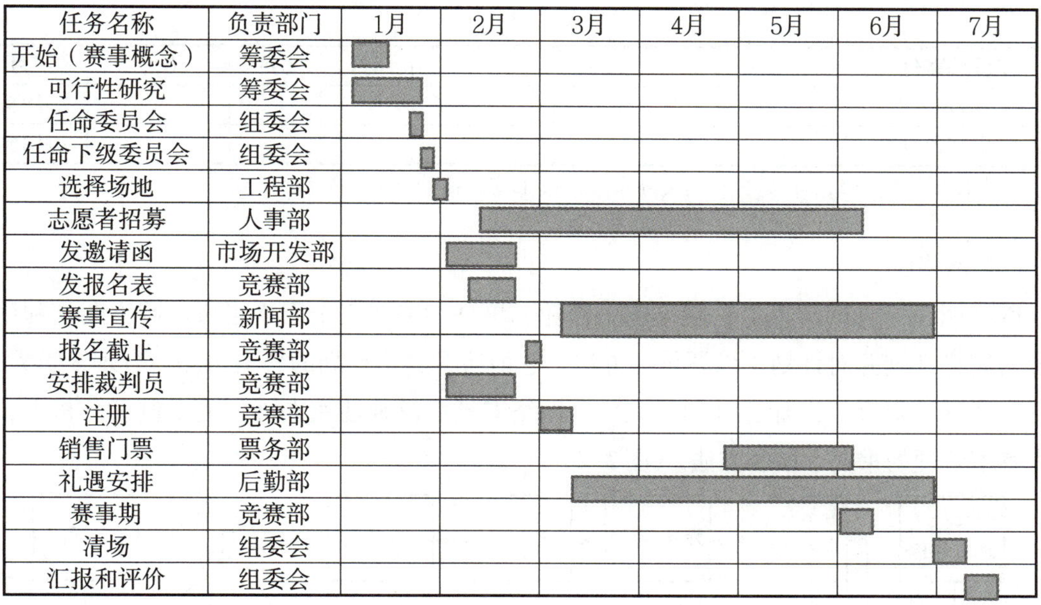

图2-1　甘特图示例

（资料来源：肖林鹏，叶庆晖.体育赛事项目管理[M].北京：北京体育大学出版社，2003：126.）

（2）里程碑计划。

里程碑计划以中间产品或可实现的结果为依据，显示了项目为了达到最终的目标而必须经过的条件或状态序列。里程碑计划是一个目标计划，表明为了达到最终的目标，需要去完成一系列里程碑式的活动。里程碑计划通过建立里程碑和检验各个里程碑的到达情况，来控制体育赛事工作的进展，保证实现总目标。（表2-2）

表2-2　里程碑计划表示例

里程碑事件	1月	2月	3月	4月	5月	6月	7月
开始（赛事概念）	1月20日						
可行性研究	1月20日						
任命委员会	1月25日						
任命下级委员会		2月5日					
选择场地							
志愿者招募		2月25日				6月5日	
发邀请函		2月26日					
发报名表							
赛事宣传		2月28日				6月25日	
报名截止		2月25日					
安排裁判员			3月15日				
注册							
销售门票						6月5日	
礼遇安排						6月25日	
赛事期						6月20日	

续表

里程碑事件	1月	2月	3月	4月	5月	6月	7月
清场							7月15日
汇报和评价							7月15日

资料来源：王守恒，叶庆晖. 体育赛事管理[M]. 北京：高等教育出版社，2007：60.

(3) 网络图。

网络图是一种图解模型，网络图由作业、事件和路线三个因素组成。网络图是利用网络分析制订计划并对计划予以评价的方法。它能协调整个计划的各道工序，合理安排人力、物力、时间、资金，以加速计划的完成。网络图被广泛地使用在计划的编制和分析上，是体育赛事管理的重要手段和方法。(图2-2)

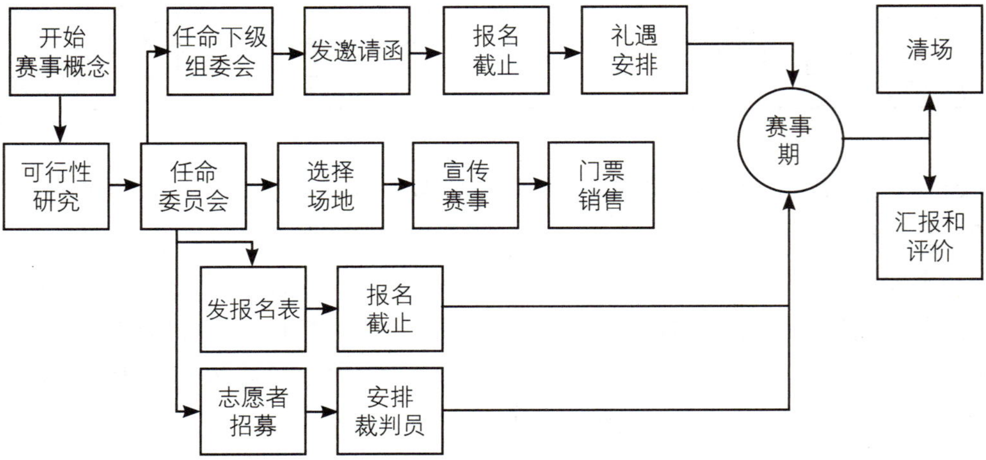

图2-2 网络图示例

(资料来源：肖林鹏，叶庆晖. 体育赛事项目管理[M]. 北京：北京体育大学出版社，2005：126.)

二、体育赛事范围计划

1. 体育赛事范围计划的概念

体育赛事范围计划是指确定体育赛事项目的所有工作内容和任务的计划。它详细说明了项目目标、交付成果、工作细目、任务、资源分配以及时间框架等。范围计划的主要目的是确保所有项目团队成员和利益相关者对于项目的期望、目标和任务有一个清晰、统一的理解。

范围计划不仅包括体育赛事将要完成的所有工作，也明确指出了不属于体育赛事范围的工作，以防止范围蔓延，即体育赛事工作范围无计划地增加，可能导致资源分散和体育赛事延期。体育赛事范围计划通过详尽列举和描述所有必要的工作和目标，为体育赛事的成功举办提供蓝图和指南。

在范围计划过程中，项目团队成员需要和所有利益相关者进行沟通，以收集关于赛事的所有要求和预期。收集到的信息会用来制订详细的范围声明，这份声明将被所有利益相关者审阅并批准，作为未来项目决策和变更控制的基础。

2. 体育赛事范围计划的方法

其主要包括以下几个方面的方法。

（1）设立体育赛事目标的方法。

掌握设立体育赛事目标的方法应从目标设立的原则和依据两个方面入手。在制订体育赛事目标时，应遵循以下几个原则：

①关键性与全面性相结合。在制订目标时，既要从赛事的基本任务出发，全面考虑体育赛事情况，又要突出赛事组织的重点和关键性工作。

②灵活性与一致性相结合。在制订目标时，要综合考虑总目标与子目标的联系，使两者保持一致，以保证总目标的实现；同时，还要从任务的实际出发，使目标具有一定的灵活性，能够适应未来的发展和客观环境的变化。

③具体化和定量化相结合。应用较详尽的语言对目标进行描述，如尽可能用一些明确的数量指标、质量标准来表示。

体育赛事目标设立的依据是主客观条件统一的过程，即体育赛事主办方主观的需要以及体育赛事运营方主观条件与客观大环境的有机结合，该依据是正确设立体育赛事目标、保证体育赛事管理的基础。

（2）确立体育赛事组织结构的方法。

通常，管理学将组织结构分为简单结构、职能结构、矩形结构和网络结构四种类型。在制订体育赛事计划时，应针对不同体育赛事的特点，设计不同的体育赛事组织结构。

①简单结构。

简单结构在小规模赛事中使用比较普遍，所有的决策都由负责赛事组织者活动的赛事管理者做出，具有灵活性与适应性的特点。（图2–3）

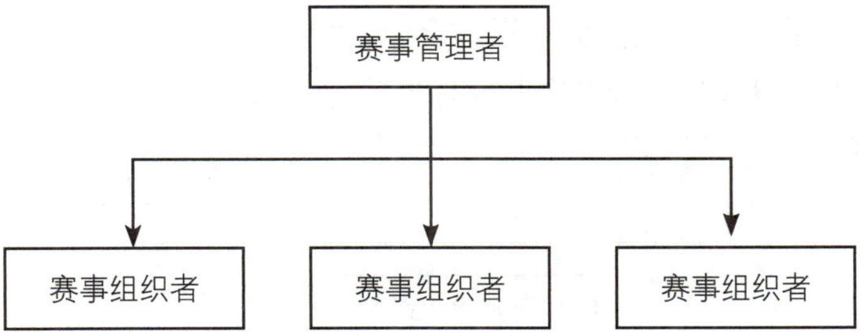

图2–3　简单结构图

②职能结构。

职能结构将体育赛事运营任务部门化，鼓励劳动分工。这种结构的有利之处在于个人或者群体被分配到专门的任务领域，有效避免了体育赛事组织任务的重叠，可以较容易地按照体育赛事运营的要求增加其他的职能。（图2–4）

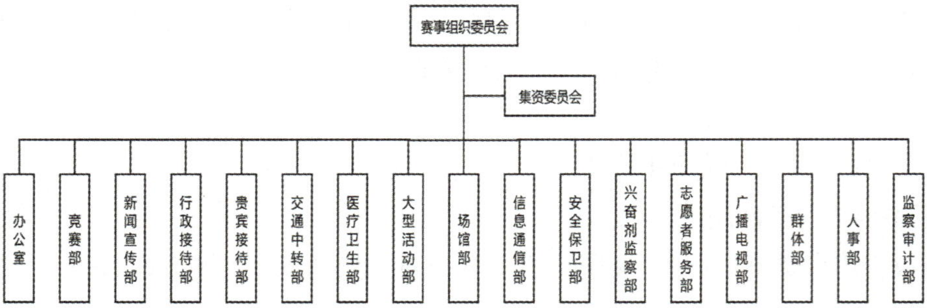

图2-4 职能结构图

③矩阵结构。

矩阵结构是建立在体育赛事职能结构的基础上的，即为赛事的某个特别任务成立专案小组，将按职能划分的部门和按项目划分的小组结合起来组成的一个矩阵结构。（图2–5）

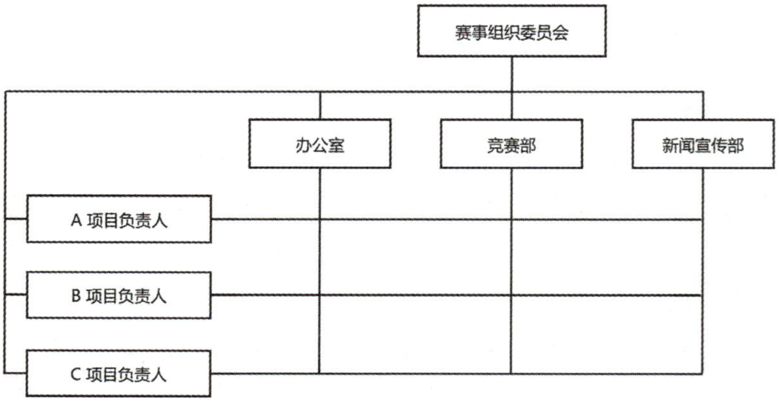

图2–5 矩阵结构图

④网络结构。

网络结构是赛事管理者将主要职能通过合同等形式外包出去的一种结构，这种结构在赛事运营方不能短期内寻找到大量工作人员时非常实用。（图2–6）

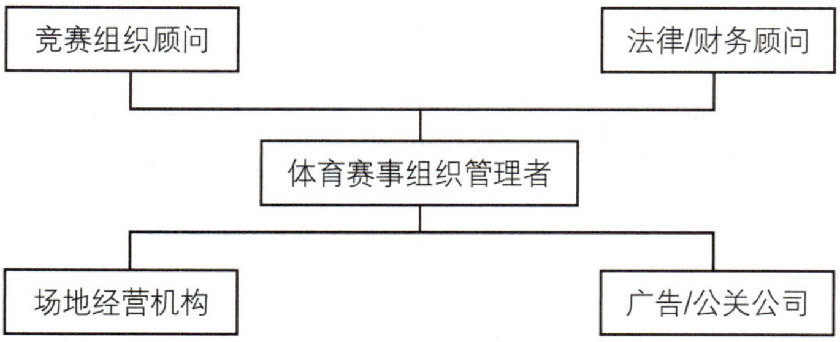

图2–6 网络结构图

拓展阅读

进行赛后评估与改进是优化体育赛事计划的重要环节。通过对赛事的全面评估，收集各方反馈意见，并根据评估结果制订改进计划，可以不断提升体育赛事的质量和吸引力，确保体育赛事持续发展。以下是对赛后评估与改进的详细说明：

首先，赛后评估包括对各个方面的全面分析和评估，包括参赛者的表现、赛事的组织和管理、观众的反馈意见、赞助商的满意度等。对于参赛者，要评估他们的比赛表现、参与体验和对赛事规则的反馈；对于赛事的组织和管理，要评估赛程安排的合理性、场地设施的质量、裁判员的表现等。同时，还要通过观众调查等方式收集观众的反馈意见，以及赞助商的满意度。

其次，要将收集到的评估结果进行整理和分析，以便更好地了解赛事的优点和不足之处。对各项数据进行统计和比较，发现问题的根源，并识别出改进的重点和方向。例如，如果发现赛程安排存在冲突或不合理之处，则需要重新调整赛程安排；如果观众反馈场地设施不够舒适，则需要考虑提升场地设施的质量；如果赞助商表示赛事曝光度不足，则需要调整营销推广策略，增加赛事的曝光度。

最后，根据评估结果制订改进计划，并积极执行。改进计划应该包括具体的行动计划、责任人和执行时间表。例如，根据需要重新调整赛程安排、改善场地设施、优化营销推广策略、加强与赞助商的沟通等。在执行改进计划的过程中，改进计划制订者需要确保各项措施得到有效实施，并及时跟进和调整。

综上，赛后评估与改进是体育赛事成功举办的重要保障。通过全面的评估和精准的改进，可以不断提升体育赛事的质量和吸引力，满足参赛者、观众和赞助商的需求，以确保体育赛事持续发展。

思政园地

“数字杭州”打造智能亚运

2023年9月11日，杭州第19届亚运会组委会（以下简称“杭州亚组委”）正式宣布：由杭州亚组委推出的一站式数字观赛服务平台智能亚运一站通迎来里程碑式的时刻——用户数破1亿。智能亚运一站通，是数字技术赋能亚运会的典型应用场景之一。从亚运会史上首个数字火炬手到“黑科技”AR服务平台，以及亚运元宇宙的推出，这些无不展现出“智能亚运”这一概念。

杭州有“数字之城”和“互联网之都”的美誉。“智能”让一个小程序裂变出无限可能。创新迭代的智能科技，正在向世界展现“数字杭州”的魅力。

2023年9月8日，杭州第19届亚运会（以下简称“杭州亚运会”）的火炬在西湖边开启了传递之路。“数字火炬手都快9000万人啦。”在火炬传递现场，杭州市民赵某某一边兴奋地等待火炬手的到来，一边打开智能亚运一站通中的“薪火相传”页面，进行线上火炬传递，当天与他接力的是一名来自海南的“亚运数字火炬手”。

此前，杭州亚组委还推出了大型体育赛事一体化数字办赛平台“亚运钉”。杭州亚运会筹办工作涉地市广，涉竞赛场馆和工作人员多，跨地区、跨部门、跨层级协同的难度较大。亚运钉集合了在线沟通、人员管理、赛事培训、礼宾管理、交通组织等服务功能，同时接入赛事综合指挥平台和各专项指挥平台，杭州亚组委的办公效率得到了有效提升。借助亚运钉，亚运会历史上首次实现了“一部手机掌上办赛”。

从智能App、一体化智能观赛平台，到各种细节服务上的“智能”表达，智能终端应用为观众提供了更舒适便捷的观赛体验，也便利了赛事筹办工作的开展。而各竞赛场馆的智能管理系统，更充分体现了杭州亚运会“智能办赛”这一特点。

在绍兴市棒球未来社区，浙江省内首条自动驾驶公交专线已进入常态化运行。自动驾驶公交具备车道保持、超级巡航、自动避障等功能。

黄龙智能场馆项目是杭州亚运会首个智能场馆项目，“智慧场馆大脑”是其智能的关键。来到黄龙体育中心信息中心机房，一块高清大屏将三维可视化的黄龙体育中心呈现出来。通过该系统，场馆的能耗、实时状况、人流量等数据都能被实时采集，工作人员可以及时掌握场馆各项指标的情况。

温州体育中心体育场是杭州亚运会足球小组赛的举办场馆之一，这里的工作人员运用数字技术实现“智能养草”。据介绍，体育场的草坪下安装了18个传感器，可对草坪根部、草坪表面等情况进行数据采集，工作人员通过有针对性的高效养护，可以确保草坪达到最佳状态。

无论是便捷的智能服务还是场馆的智能管理，其背后都是一项项技术的赋能。杭州亚运会的“智能”也体现在这些技术的应用上。

办好一场会，提升一座城。从终端服务到场馆智能管理，再到底层技术应用，杭州从多个方面对“智能亚运”的办赛理念做出了诠释，智能也成为这座城市的底色。

（资料来源：《中国青年报》，2023年9月12日，有修改）

◎ 案例简析

杭州亚运会，探索大型综合性赛事成功的“中国方案”

2023年9月23日，杭州第19届亚运会（以下简称“杭州亚运会”）正式开幕。“举办一届成功的亚运会”是杭州亚运会筹备过程的核心要求，也成为所有杭州亚运会参与者的最高准则。自申办成功以来，杭州和宁波、温州、金华、绍兴、湖州5个协办城市通过秉持并践行“绿色、智能、节俭、文明”的办赛理念，已经为如何“举办一届成功的亚运会”提供了一套行之有效的解决方案：减少不必要投入；基于创新技术和智能数字技术，减少运维成本，创新产品和服务模式，提升办赛和参赛体验；提早布局场地设施赛后利用方向，促进举办地基础设施和文明程度全面提升，打造举办地特色品牌和美誉度。

绿色——杭州亚运会注重环境保护和可持续发展

新建的场馆都采用了绿色建筑设计和节能技术，以减少能源消耗和碳排放。例如，在杭州奥体中心游泳馆，智能导光系统通过屋顶的210根导光管，将室外自然光引入场内，每年可节约10万度电。杭州亚运会的65个场馆和相关设施，实现了100%绿色电能供应。例如，在杭州富阳水上运动中心，场馆屋顶覆土面积约2.4万平方米，绿植让场馆的绿化率达到45%，既能固碳释氧，又能让场馆内冬暖夏凉；雨水回收系统，可为场馆节省35%的水能。这些绿色低碳应用，不仅大大节省了新建场馆的投资，更为赛后运维成本的降低奠定了基础。

智能——杭州亚运会在智能应用与数字创新领域有众多全球首创

“智能亚运一站通”是杭州第19届亚运会组委会（以下简称“杭州亚组委”）上线的亚运会史上首个一站式数字观赛服务平台，这在国际综合性运动会亦属首创。平台围绕“食、住、行、游、购、娱”6个方面需求，整合各类城市服务，为各国观众提供从购票、出行、观赛到住宿、美食和旅游等“一站式”服务。此外，杭州亚运会创新推出的全球首款数字火炬、开幕式上令人叹为观止的数字烟花以及数字吉祥物等衍生商品，都是大型综合性运动会的创新尝试，可以更高效智能地服务市民和游客需求；而数字商品的出现，也使得相关产品和商品可以突破地域边界，突破传统供应链战略模式。

节俭——杭州亚运会在预算和资源利用方面力求节约

按照“能改不建”的原则，杭州亚运会56个竞赛场馆，除12个新建场馆外，其他均为改建或临建场馆，31个训练场馆也全部是改造场馆。赛事相关设施器材，也将采取“能借不租、能租不买”的原则。这些场馆中，已经有51个场馆制订了下一步具体利用计划，比赛之后能利用的计划方案比例已经达到91%。从节俭这个办赛实践看，此举直接降低了大赛的投入，提高了场馆赛后持续利用的成功率。

文明——杭州亚运会将文明作为现代与传统交汇的共同点

从文明的治理和行为视角看，“硬件”方面，杭州亚运会比赛场馆按照无障碍标准建设：建设“会说话”的无障碍卫生间，不仅能提供更贴心的服务，还能通过语音呼救等方式触发报警机制。“软件”方面，杭州亚运会的文明参赛和观赛已成为杭州全体市民对于体育文明的最大共识和对体育精神的庄严尊重。从文明的文化视角看，杭州亚运会的主题口号，“心心相融，@未来”，用现代互联网特征符号来体现杭州亚运会对于增进亚洲乃至世界文明互鉴的激发作用，更体现了共向未来的人类命运共同体的发展愿景。而分别代表良渚古城遗址、西湖和京杭大运河的吉祥物“琮琮”“莲莲”“宸宸”，以及展示中国人文历史和山川风物的亚运火炬“薪火”，则将主办方的历史文化脉络与现代体育盛典有机结合，彰显出体育在文明传承中的重要价值。这样的大型综合性赛事不仅能够促进城市文明的发展和进步，也能够凸显城市的文化底色和特点。

不仅如此，杭州还按照“杭州为主，全省共享”的规划，联动宁波、温州、金华、绍兴、湖州等协办城市共同承办亚运会40个竞赛项目、61个分项的赛事。杭州亚运会以体育促和平，以体育促团结，“举办一届成功的亚运会”，为世界呈现一届“中国特色，亚洲风采，精彩纷呈”的体育盛会，不仅是中国建设体育强国路上的标志性事件，也是促进我国发展、振奋民族精神的重要契机；不仅是高质量发展建设共同富裕示范区新征程的重要篇章，也是向世界展示中国良好形象的重要窗口。

（资料来源：光明网，2023年10月7日，有修改）

思考

解析

总结杭州亚运会办赛理念，并分析哪些方面能够体现出杭州亚运会的办赛理念。

实训项目

项目一

完成“XX学院‘友谊杯’足球比赛”的策划细则，总结并分析体育赛事的运营与管理计划。

要求：详细撰写赛事运营计划，包括具体流程、赛程安排、应急方案等关键环节。

解析

项目二

以“全校乒乓球挑战赛”为赛事主题，明确赛事的具体办赛理念。

要求：围绕办赛理念，规划赛事的整体框架和特色亮点。

体育赛事的具体计划

模块三　体育赛事营销与推广

教学提示

1. 体育赛事营销的定义；
2. 体育赛事营销的内涵；
3. 体育赛事营销的主要形式 ；
4. 体育赛事推广的内涵；
5. 体育赛事推广的分类。

模块概要

在社会主义市场经济体制下，了解体育赛事营销与推广的一般规律和方法，初步掌握符合中国国情的体育赛事营销与推广的定义和内涵，提升解决体育赛事营销与推广环节中问题的能力，理解体育赛事营销与推广过程的重要环节，掌握体育赛事营销与推广的技巧。

项目一　体育赛事营销

一、体育赛事营销的定义

传统意义上，体育赛事营销是赛事组织者开展的对体育赛事本身的多方位的营销活动，包括：向运动员介绍赛事；吸引观众前来观看比赛或关注有关赛事的媒体报道；吸引赞助商；与政府官员进行沟通，以取得政府支持；寻求能为赛事提供优质、高效的专业化服务的协作企业等。与传统观念不同，当代赛事营销观念认为，赛事营销是由商业公司或其他机构、团体采用的一种不同于传统营销及媒体广告的新型营销策略，主要是指体育组织吸引企业通过赞助、冠名等手段来推广自己的品牌。

综合而言，体育赛事营销是指体育组织通过为广大观众提供高质量的竞赛表演服务，为新闻媒体、企业等提供满意的竞赛表演及衍生产品服务，使赞助商获得良好的宣传沟通效果及经济利润，形成由精品赛事促动的体育组织与赞助商之间的筹资及传媒功能互惠互利的良性循环态势。

因此，体育赛事营销的根本策略是努力产出精品赛事。在产品策略方面，可以根据大多数观众的态度和需要设计包装赛事，并进行相应的定价；在促销策略方面，可以通过视觉、听觉和口碑等方式传递体育组织信息，利用观众对赛事的美好记忆，运动员和教练员的个人形象和影响力，以及策划主题活动和观众参与赛事等方式，使体育组织与消费者相互沟通。

二、体育赛事营销的内涵

“体育营销”一词最早出现于1978年美国的《广告时代》杂志。一般来讲“体育营销”有两重含义：体育的营销和通过体育的营销，前者指的是将体育作为商品销售的体育产业营销，后者指的是借助体育活动而进行的其他产业的营销。体育赛事营销指的是前者。体育赛事营销属于体育营销的一种，其涉及三方——赞助商、体育项目和观众，也就是所谓的“体育营销三角形”，在此基础上，这三者的交互作用就形成了体育营销。（图3–1）

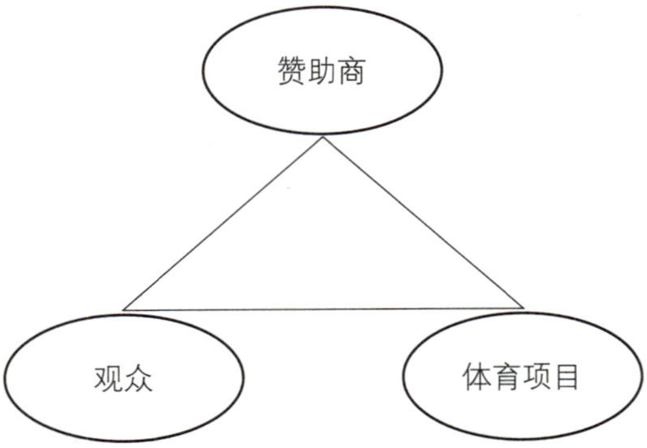

图3-1　体育营销三角形

赞助作为一种重要的营销手段，具有不可替代的作用。赞助的效果自然、易于被接受，实质上是一种软广告，但是由于广告并不单独出现，因而商业性及功利性不像硬广告那么明显。另外，赞助沟通对象面广、量大，有针对性。这是因为人类对体育这一重要文化活动具有很强的忠诚度，在大型体育赛事现场，动辄就有成千上万的观众参与，赛场之外，更有不计其数的媒体受众。即便是一些规模不太大的赛事，如果组织得好，也会拥有很大的观众群，他们会踊跃参与这些赛事，这就给企业与目标对象进行有效的沟通创造了很多绝佳的机会，使营销效果事半功倍。体育是人类共同的事业，因此体育赛事营销最突出的特点就是公益性，体育赛事营销是吸引赞助商对体育赛事进行赞助，并进行相关的市场运作，其社会影响和经济影响是一般普通广告无法相比的。

综上所述，体育赛事营销不论是可依据的体育营销理论，还是赛事前的申办可行性分析、赛中的控制执行、赛后的效果评估和结尾工作，都与传统的营销方式不同。另外，在进行体育营销的过程中，不仅要考虑上述几个因素，还要参考其他一些非体育的因素，如经济、政治、社会、文化等各方面的影响。因此，体育赛事营销是具有复杂性、挑战性的一种营销活动。

三、体育赛事营销的主要形式

从理论的角度来看，体育赛事营销的形式不拘一格、多种多样，主要吸引是赞助商通过各种方式来推广自身的产品、品牌等。到目前为止，国内外体育赛事营销主要有赛事冠名、赛事赞助、赛事合作伙伴、赛事特许产品、赛事广告、形象代言六大形式。

1. 赛事冠名

赛事冠名往往是国际知名品牌、资金比较雄厚的企业的首选。例如，中石化冠名世界一级方程式锦标赛中国大奖赛（F1中国站）等。

2. 赛事赞助

赛事赞助是指企业为体育赛事或运动队提供经费、实物或相关服务等支持，而体育赛事组织者或运动队以允许赞助商享有某些属于它的权利（如冠名权、标志使用权及特许销售权等）或为赞助商进行商业宣传（如广告）作为回报。赛事赞助的实质是双方资源或利益的交换与合作。因此，一项成功的赛事赞助必须是双方互利互惠、互有所得的，它也是受法治化市场经济允许的。赛事赞助绝非只是“卖广告”或“卖冠名权”，而是双方资源重新配置的深层次合作。

赛事赞助的传播效果自然，容易被接受，实质上是一种软广告。赛事赞助是体育赛事营销的重要工作。由于它并不单独出现，因而其商业性及功利性不像硬广告那么明显。赛事赞助能将运动项目形象与企业品牌形象有机结合起来，使受众形成认知，产生兴趣，增强渴望直至形成购买。(图3–2)

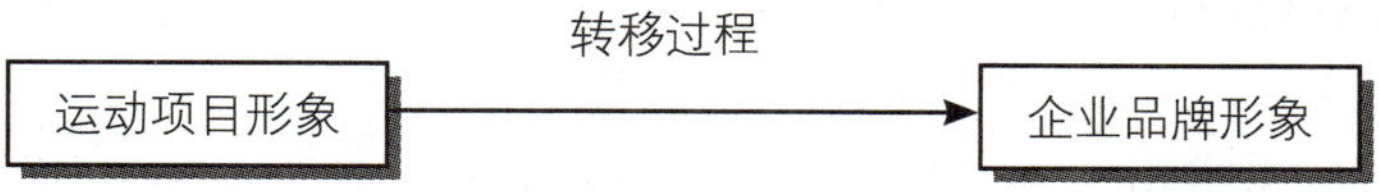

图3–2　转移过程

企业要衡量自身实力来赞助不同规模、不同级别和影响力的比赛。(图3–3)

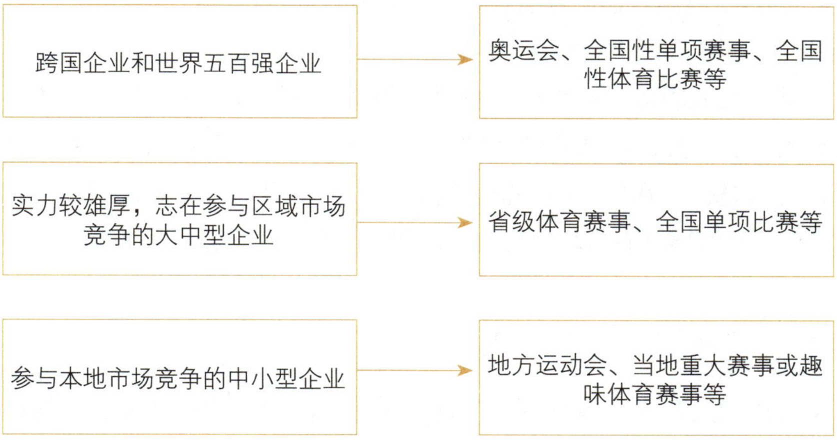

图3–3　企业等级和赛事级别对应图

3. 赛事合作伙伴

以奥运会为例，赛事合作伙伴指与国际奥委会签订长期合作协议的企业，这些企业通过赞助奥运会来提升品牌知名度和影响力。奥林匹克全球合作伙伴计划（以下简称“TOP计划”）是国际奥委会创立的奥运会市场开发项目，旨在通过与顶级企业建立长期合作关系，共同推广奥林匹克运动。国际奥委会的TOP计划由国际奥委会直接谈判和管理，每四年一个周期，每个周期含一届冬季奥运会、一届夏季奥运会。加入该计划的企业获得“奥林匹克全球合作伙伴”的称谓，也因此获得了在全球范围内使用奥林匹克知识产权、开展市场营销等权利及相关的一整套权益回报。同时，奥林匹克全球合作伙伴享有在全球范围内产品、技术、服务类别的排他权利。

TOP计划赞助商的赞助方式包括现金赞助和现金等价物赞助。现金等价物是指赞助商以提供产品、服务、技术和人力资源的方式为奥林匹克运动做出贡献。其中现金等价物的数量和内容以满足奥运会和奥林匹克大家庭的需求为基础。

4. 赛事特许产品

赛事特许经营目前成为国内体育组织、品牌赛事、知名运动员进行无形资产开发的重要领域，以及国外一些大型精品赛事和体育组织的主要收入来源，赛事特许产品市场蕴藏着巨大的发展潜力。

赛事特许产品分为创造性特许产品、半创造性特许产品、非创造性特许产品。创造性特许产品是赛事组委会与商家共同创造的产品，如吉祥物等；半创造性特许产品指印有赛事特许商标或者吉祥物图案的产品，如纪念币、纪念章以及纪念邮票等；非创造性特许产品为印上赛事特许商标或者吉祥物图案的现有产品，如纪念衫、钥匙链等。

5. 赛事广告

广告的优点是几乎可以出现在任何地方、任何时间，且可以在多种市场和目标市场上迅速触及更多受众，这也是很多企业在体育赛事营销时把广告作为其主要营销策略的原因。赛事广告营销的方式主要有报刊、广告牌、网络平台、电视、电台等。

6. 形象代言

形象代言是由某人表达对某项产品或服务的公开赞同或支持。如今，体育明星、影视明星、社会名人代言已经成为体育营销的一种重要形式。在选择品牌形象代言人时，更多的是要考量代言人是否与赛事个性特征相符，是否与赛事的市场定位相吻合。尤其是一些新兴的体育赛事非常需要具有市场效应的形象代言人来吸引公众的注意力。

四、体育赛事营销的程序和过程

体育赛事营销就是基于“体育赛事”这一平台，巧妙地把产品或品牌的相关信息与目标群体进行良好的沟通的过程。要想做到这一点，在进行体育赛事营销前，就必须清楚以下四点。

1. 明确目标市场，清楚营销对象

体育赛事营销首先要明确产品或品牌的目标市场，与准备作为传播载体的体育赛事所能影响到的观众是否相关、是否有某种内在的联系。一般来讲，两者的相关度、一致性越高，体育赛事营销的效果就越好。

2. 制订科学而清晰的营销战略

企业与体育赛事组织者一旦决定合作，双方就必须制订科学而清晰的营销战略，以实现预期营销或传播目标。首先，要明确本次体育赛事营销的目标，如提升品牌还是单一的促销；其次，要明确运用什么样的体育赛事营销形式；最后，还要明确媒体、渠道和终端该如何配合等一系列问题。

3. 制订长期的营销战略

体育赛事营销，需要长期积累，才能产生效果。体育赛事营销为企业提供的主要是一种战略性支持，它并不是单纯的体育赛事冠名或赞助，而是依托体育赛事将产品、品牌与体育赛事、体育项目结合，使体育文化与品牌相融合，以形成特有的营销文化。只有体育赛事文化融入产品、品牌，实现体育文化、品牌文化与营销文化三者的融合，引起消费者的共鸣，才能成为企业的一种长期的竞争优势。

4. 针对体育赛事营销做定性和定量的评估

企业的每一次体育赛事营销活动都需要投入大量财力、人力等资源，企业最关心的问题即“投资回报率”。因此，企业要针对体育赛事营销做定性和定量的评估，主要包括以下三个层面：

（1）评估品牌的曝光率，即评估媒体关注的规模和收视率、收听率、浏览率等，并以此来推算本次体育赛事营销所影响的人口规模和同等的媒体广告价值。

（2）评估体育活动所影响的受众群，对企业的品牌、产品的印象是否存在变化。

（3）评估体育营销的前期、中期和后期，企业的终端反映。

五、影响体育赛事营销效果的因素

1. 关联度

体育赛事营销必须找到赛事与企业的关联点，强拉硬拽只会引起人们的厌烦。正如代言人与产品的匹配关系一样，两者关联度越高，受众对广告的抵触就越小，对品牌的好感就会越强，同时受众对品牌的识别度也会越高。运动项目与赞助品牌之间也具有同样的关系，即两者的一致性越高，受众对产品品牌或企业品牌的好感就会越强，这种一致性机制还能在价值转移中“过滤”掉一些不一致的信息，同时对这些信息进行解码，并对一致性的信息重新编码，使二者的关联度更高，价值转移效果更好。

体育赛事营销包括三种匹配情况：第一种是功能相似，指比赛中直接使用了企业产品，具有提升产品品质的效果；第二种是形象相似，指一种身份和地位的隐含联系；第三种是价值相似，即要使其产品定位与受众人群的特质相吻合。

2. 系统度

企业既然选择投入大量的资源进行体育赛事营销，当然要求回报。体育赛事营销需要完整统一、从上而下的一致性宣传，体育赛事营销不是表演，而是一个赛场，每一个企业都是一个参赛队伍，要争取利用有限的时间，发挥出最高水平。

3. 创新度

创新是新时代对每个企业的要求，甘于现实、一心求稳的做法早已过时，企业若想处于不败之地，创新产品和营销方式是关键。

拓展阅读

体育赛事营销种类和营销策略

1. 传统体育赛事营销

传统体育赛事营销是指赛事组织者对赛事进行现实的市场营销。这种类型的营销包括以下几个方面：

(1) 保证运动员参与赛事；

(2) 请媒体对赛事进行报道；

(3) 通过印刷媒介和电子媒介吸引公众参与赛事或关注赛事；

(4) 寻求企业对赛事提供赞助和支持；

(5) 说服政府给予公共支持；

(6) 要求企业提供高效而合理的服务。

在竞争激烈、市场饱和以及变幻莫测的竞争环境下，仅采用这种传统体育赛事营销方式与消费者进行沟通已不太现实。传统体育赛事营销存在许多不足，首先是曝光度有限，在传统体育赛事营销中，品牌通常以单一的形式曝光，公众的关注度有限，且可能会对频繁重复的品牌曝光感到疲劳；其次是缺乏互动性，传统体育赛事营销通常是单向的，公众很少有机会与品牌进行互动，这导致品牌与公众之间的情感连接有限，难以建立深层次的品牌关系。

2. 整体体育赛事营销

整体体育赛事营销是指赛事组织者联合所有的营销资源，如销售、广告、公共关系以及促销活动等进行营销。整体体育赛事营销是一种一体化的营销方式。整体体育赛事营销的具体操作步骤，首先是按活动的规模大小和复杂程度建立一个机构，该机构有专人收集相关资料并做全方位的市场调查工作，再是拟订体育营销目标（包括资金目标、实物目标、服务目标、媒体参与目标等）、设计营销思路（如何准确运作）、策划营销方案（运用哪些营销手段或方法）、面谈签约（双方都需调查以确定）；其次进行组织实施，这是具体的运作阶段，也是双方的执行阶段，要按照合同的要求将所有事项一一落实，之后双方互相为对方创造影响力，如运用造势宣传、出售赞助物品和门票、投放广告、组织促销活动等手段进行相互扶持。

◆ 思政园地

亚运盛大开幕，伊利利用情绪价值领跑体育营销

2023年9月23日，杭州第19届亚运会（以下简称“杭州亚运会”）开幕式隆重举行，引来数亿人次观看。开幕式以“潮起亚细亚”为主题，以水为串联，尽显中式美学的独特吸引力与感染力，展现了新时代中国与亚洲、与世界的文化交融。

杭州亚运会受到举国上下热切关注，除了作为国际赛事本身的影响力外，这也与近年来全民健身的热度空前高涨密切相关。数据显示，我国的运动健身人数超3亿，运动健身产业规模已经达到2559亿元。

在碎片化的社交媒体背景下，体育赛事成为绝佳的品牌曝光窗口，如何更好地借助体育赛事传递品牌理念，已经成为各个品牌需要关注的重要营销课题。

但是今天的体育营销，已经不只是简单地推出套餐或者邀请体育明星代言，品牌开始将体育精神与品牌理念、产品利益融合，与消费者共鸣共振，输出更高维度的企业价值。

“FOODAily每日食品”发现，作为杭州亚运会官方赞助商，伊利本次的营销思路就颇有味道。不只是关注赛场上的运动员，伊利这次还把目光放在每一位普通人身上。在杭州亚运会倒计时60天之际，伊利就开启“全民亚运，伊起上场”的主题倡议，通过从线上到线下的主题活动策划，如运动会、购物周、宣传短片等，号召全民一起参与体育事业、公益事业以及环保事业，带动全民亚运热潮，推动全民健康生活理念。

（资料来源：FOODAily每日食品，2023年9月24日，有修改）

◎ 案例简析

白酒行业体育营销赞助案例

在金融咨询公司Brand Finance发布的“2022年全球烈酒品牌价值50强榜单”中，茅台以429.05亿美元品牌价值蝉联榜首，排名第二的五粮液品牌价值达287.44亿美元，它们也是仅有的两个品牌价值突破百亿美元的烈酒品牌。泸州老窖和洋河分别排在第三和第四位，法国的轩尼诗位列第五。其他进入榜单前十的国际烈酒品牌还包括百加得、杰克丹尼和帝亚吉欧集团旗下的威士忌品牌尊尼获加。同属于帝亚吉欧集团的伏特加品牌斯米诺则排名第十一。

不难看出，在全球的烈酒市场，中国品牌占据着绝对的主导地位。这也折射出我国国民对于白酒消费的需求量之大。根据《中国酒业“十四五”发展指导意见》，在产业经济目标上，预计到2025年，我国白酒行业销售收入将达9500亿元，增长62.8%，年均增长10.2%。到2026年，白酒行业销售收入有望突破万亿元大关。

未来，白酒产业结构将持续优化，高端、次高端白酒还有更加广阔的发展空间。具体到消费端，品质消费、健康消费和生态消费已经成为行业主旋律。对于我国白酒企业而言，在全面构建中国白酒消费新场景之余，还要将白酒文化打造成企业品牌的核心竞争力，这就需要体系化的营销策略作支撑。从几大头部品牌的投资趋势上看，体育营销已经成为主流选择之一。

泸州老窖是国内深耕体育营销领域最具代表性的品牌之一，其国际化是其最想放大的标签。2018年，泸州老窖成为澳大利亚网球公开赛（以下简称“澳网”）的全球合作伙伴，其旗下白酒品牌国窖1573成为澳网唯一的指定白酒。此外，国窖1573还冠名了一座澳网比赛场馆。

在澳网赛场，泸州老窖倾力打造无处不在的中国元素，搭建了海外华人思乡的情感桥梁，打开了国际友人深度感受中国文化精粹的窗口。泸州老窖肩负着推广中国白酒文化的使命与责任，在澳网这一国际平台向世界展示了中国品牌对外交流的正确方式。

携手全球顶尖体育IP已经成为泸州老窖最主要的体育营销策略。在成为澳网官方合作伙伴之前，泸州老窖还成为唯一进入国际足联世界杯（以下简称“世界杯”）官方款待包厢的中国白酒品牌。2018年俄罗斯世界杯期间，泸州老窖为其量身定制了一款名为“Panda1573”的鸡尾酒，以国窖1573为基底，结合熊猫元素，通过精准定制、富含文化意蕴的产品吸引国外球迷的关注与喜爱。在比赛期间推出的泸州老窖酒心巧克力足球版已初具白酒联名食品跨界营销的雏形，既契合了与世界杯合作的宣传效果，又让原本不喝酒的球迷与消费者也能够尝试泸州老窖的产品，从而一定程度上扩大了品牌影响力。

2022年北京冬奥会的成功举办，使冰雪运动成为企业体育营销的另一个聚焦点。2021年，泸州老窖成为中国国家队荣誉赞助商，旗下产品成为中国国家队专用庆功酒。中国国家队作为中国竞技体育最高水平的代表团体，承载着中国体育的荣耀与责任，与中国国家队的合作既是泸州老窖继续深耕体育行业的表现，也意味着泸州老窖在积极开拓国际市场，在进行国际化体育营销的同时泸州老窖也将持续地在国内市场发力。

近年来，泸州老窖一直坚持高质量发展，其在坚持服务好国内市场，满足消费者对美酒的需求的基础上，也积极融入国际市场，向全球受众传递中国白酒的独特风味与文化魅力，做好中国白酒的产品推荐者、中国文化故事讲述者。在此过程中，体育这一全球通用的语言正是泸州老窖最重视的载体之一。

（资料来源：禹唐体育，2022年9月5日，有修改）

思考

泸州老窖体育赛事营销的成功给中国白酒企业带来了怎样的启示？

解析

● 实训项目

请结合所学知识，撰写一份全运会企业赞助方案。

要求包含以下几个方面：

（1）赛事背景介绍；

（2）赞助级别（钻石级赞助商、金牌级赞助商、铜牌级费助商、特别赞助商）；

（3）赞助商权益；

（4）赞助方案执行时间。

解析

体育赛事营销战略

项目二　体育赛事推广

一、体育赛事推广的内涵

体育赛事推广与广告发布和市场营销一样，都是面向市场推广的一个环节，但是相对于广告发布和市场营销而言，体育赛事推广对于大多数人来说并不是那么直观的。但是，如果从执行的角度来阐述，就更容易理解一些。

以体育赛事来说，广告发布是将赛事信息以视频、平面和文字的形式传达给市场；市场营销则是以赛事为载体对所涉各环节进行的商业联系和市场开发；而体育赛事推广则是对赛事方向的确定，以及对赛事赛程规划、受众市场开发策略的制订，并在此基础上对赛事的广告发布、市场营销工作给予指导，同时对赛事推进、赛程控制进行全方位的管理。

二、体育赛事推广的分类

体育赛事推广是指针对某一场次或一系列的赛事进行营销和宣传活动，常通过多种方式展开，包括线上广告投放，社交媒体宣传，电视直播、转播等。体育赛事推广的目标是吸引更多的观众参与并支持赛事，从而提高品牌知名度和赛事收益。

拓展阅读

体育赛事推广是一个服务的概念，体育赛事推广的工作重心在于对已有或成熟的体育项目给予运营和推广的服务。有时，体育赛事推广也会因赛事主办机构更深度的服务要求，参与赛事的规划和设计以及体育赛事营销，其中体育赛事营销既不进行相关体育项目的运作，也不参与体育赛事推广环节，只针对已有的体育项目进行周边商业服务的开发，如体育明星广告代言人经纪、赛事赞助开发等。体育赛事推广能够吸引更多人的关注和积极参与，也可以提升体育赛事的知名度，进而促进品牌价值的提高，为合作伙伴和招商伙伴提供有力支持。

思政园地

杭州第19届亚运会赞助企业答谢大会圆满召开

2023年9月26日，“让品牌绽放 让世界注目”杭州第19届亚运会（以下简称“杭州亚运会”）赞助企业答谢大会在赞助企业接待中心圆满召开。

从2018年到2023年，杭州亚运会市场开发赢得交口称赞

从2018年杭州亚运会市场开发计划线上发布以来，杭州第19届亚运会组委会（以下简称“杭州亚组委”）一直将“让品牌绽放 让世界注目”作为市场开发工作的愿景和目标，希望搭建一个与赞助企业同频共振、共享共赢的亚运“朋友圈”。自2019年，首家官方合作伙伴正式签约以来，来自亚洲、欧洲、大洋洲的176家优质企业成为杭州亚运会赞助企业，市场开发赞助总收入超43亿元，赞助收入和赞助企业规模均为历届亚运会之最。

杭州亚运会开幕式的盛大举行，向亚洲、向世界展示了杭州这座美丽的城市。杭州亚组委的市场开发工作及所有赞助企业的大力支持，都在这个非凡的时刻发挥了不可替代的作用。杭州亚运会在体育赛事市场开发方面，开创了诸多激励人心的范例。从赞助招商到赞助企业服务，从特许经营授权到特许商品生产销售，从公益捐赠到门票销售，这些创新的工作都取得了丰硕的市场开发成果。

杭州亚运会的成功举办，离不开赞助企业提供的资金、物资、服务等各方面的支持和保障。积极参与亚运公益，也展现了赞助企业的社会责任和企业担当。希望赞助企业能够与亚组委携手同行，延续亚运精神，彰显亚运品牌价值，共创美好未来。

从企业到个人，杭州亚组委为18家企业点赞并予以表彰

多年来，杭州亚运会赞助企业开展了一系列精彩纷呈的亚运品牌营销活动，实现了亚运品牌与企业品牌同频共振、共享共赢。

前期，杭州亚组委市场开发部邀请了相关专家，从与亚运主题的契合度、影响力等维度，对赞助企业营销活动进行评选，共选出18家企业的优秀营销案例，并设置了最佳整合营销奖、最佳科技与数字营销奖、最佳营销内容创意奖、最佳体验式营销奖和最佳代言资源激活奖五个奖项，为赞助企业点赞并予以表彰。同时，支持杭州亚运会筹办的这些年，大多数赞助企业都成立了亚运专班，以最精锐的力量支持、配合杭州亚运会的各项工作。在答谢大会现场，杭州亚组委也对赞助企业优秀个人进行了表彰。

从杭州走向亚洲，亚运公益期待成为“丝绸之路”

答谢大会现场，杭州亚组委将一份杭州亚运公益的“成绩单”，以丝绸卷轴的形式正式移交给亚奥理事会。丝绸卷轴上，“寻找2022个亚运梦想”的主题词熠熠生辉，主题词每一个字均由亚运公益的关键词和大事件组合而成，记录着杭州亚运公益5年来每一个值得铭记的瞬间。选择丝绸作为记录亚运公益成绩的载体，既象征着杭州传统文化，也希望亚运公益能够像“丝绸之路”一样，从杭州出发，走向亚洲，在未来的亚运筹办工作中发挥越来越重要的作用，绽放出更加绚烂的光彩。亚奥理事会向杭州亚组委授予了亚运公益成果的感谢信。

此次答谢大会，杭州亚组委同样为积极参与亚运公益的赞助企业、新闻媒体、公益组织和爱心个人设置了“大爱无界奖”“与爱同行奖”“破界创新奖”“爱达未来奖”四个奖项，包括吉利、浙江电视台新闻频道、青少年足球成长公益基金、爱心个人陈燮中等在内的15个公益合作伙伴荣获嘉奖。大会同时也为从2019年起便伴随亚运公益一路同行的18家“联合助梦方”授予了纪念奖杯。

（资料来源：杭州第19届亚运会组委会，2023年9月27日，有修改）

◎ 案例简析

杭州亚运会落幕，都有哪些品牌激活了赞助资产

体育赛事的影响力和关注度直接影响了品牌投放的效果。

杭州第19届亚运会（以下简称“杭州亚运会”）作为亚洲规模最大的综合性体育赛事之一，吸引了众多企业的赞助和关注。各品牌通过赞助体育赛事，可以提高品牌知名度、美誉度和市场份额，从而达到营销目的。此外，体育赛事还可以帮助企业树立积极向上的形象，增强消费者对企业的信任感和忠诚度。

2023年6月，伊利集团（以下简称“伊利”）发表了名为“热爱，勇立潮头”的品牌宣言，明确提出了伊利的价值观和发展方向。伊利通过赞助杭州亚运会的各项活动，如火炬传递、志愿者服务等，进一步提升了品牌曝光度和影响力。这些举措不仅让伊利在杭州亚运会期间成为了一道亮丽的风景线，也为伊利赢得了广泛的社会认可和好评。此外，伊利还通过与杭州亚运会的合作，实现了企业品牌与亚运的相互影响、共同发展。一方面，伊利的优秀品质和良好口碑为杭州亚运会的顺利举办提供了有力保障；另一方面，杭州亚运会的成功举办也为伊利提供了一个展示自身实力的良好平台。

（资料来源：搜狐网，2023年10月9日，有修改）

解析

思考

以上案例给我们带来什么启示？

● 实训项目

解析

项目一

请结合所学知识，撰写一份赛事推广方案。

项目二

阅读以下材料，请从营销推广的角度分享“村BA”这一现象级事件。

村BA火爆的背后：“短视频+直播”推广基层赛事

“不愧是‘村BA’”“应该全国推广”……2023年9月17日晚7点半，快手村BA“乡村篮球冠军杯”决赛在福建省泉州市东店村灯光球场激情打响。一番激烈角逐后，池店村篮球队成功拿下冠军，获得NBA中国副总裁和快手体育负责人共同颁发的冠军奖杯及“村”味满满的拖拉机大奖。

决赛之夜，“乡村篮球冠军杯”扣篮大赛也同步举行。伴随精彩的赛事，村民强势围观的火爆现场和众多媒体、达人直播间的高热度，更彰显出了“村BA”的独特魅力和强大感染力。

“村BA”在2023年夏天通过泉州的赛事火热出圈，并推动全国各地基层篮球赛事受到广泛关注，有两大要素不可或缺——线下的现实基础以及线上的助推器。

“365天，只要你想打，都有！”

谈到“村BA”为何如此“出圈”，全程参与本次“村BA”活动的网红达人球员常乐晨有自己的看法：“一开始探索‘村BA’的时候，我觉得是大家对篮球的热爱，接触后我觉得是大家对民俗的热爱，等到这些体验沉淀下来，我发现‘村BA’火热的原因，是大家对乡情的眷恋、大家对家乡的不舍，才促成了大家有钱出钱有力出力，最终形成这股力量。”

模块四　体育赛事人力资源管理

教学提示

1. 体育赛事人力资源的相关概念；
2. 体育赛事人力资源的基本特征；
3. 体育赛事人力资源的分类；
4. 体育赛事人力资源的招聘录用；
5. 体育赛事人力资源的培训开发；
6. 体育赛事从业人员的素质能力。

模块概要

人力资源是组织内外具有劳动能力的人的总和，是当前市场的核心竞争力。人力资源管理是指对组织内外人才的一种科学化招聘、培训、开发、激励、评价等综合形式的管理，目的是保证组织目标的实现。体育赛事人力资源管理则是运用现代化的管理手段与方法，对体育赛事这一临时性组织内外的人力资源要素进行的操作与调配，目的是保证体育赛事按照既定目标顺利开展与实施。

项目一 体育赛事人力资源概述

一、体育赛事人力资源的相关概念

现代管理学之父彼得·德鲁克于1954年在《管理的实践》中提出“人力资源”一词，并加以明确定义。在该书中，德鲁克明确指出，人力资源即企业所雇佣的整个人，人力资源是所有资源中最富有生产力、最具有才能、最丰富的资源。他认为，与其他资源相比，这种资源是“人”（human），具有一些管理者必须考虑的特性，包括协作、整合、判断与想象等能力，且人力资源只能自我运用，人对人力资源具有绝对的控制权。人力资源是一种特殊的资源，它必须通过有效的激励机制才能被开发利用，并为组织带来可观的经济价值。

体育赛事的人力资源管理，顾名思义，就是对体育赛事及相关服务领域中“人”的管理，即通过计划、组织、控制、协调等方式，对人力资源规划、人才招聘选拔、员工培训开发、员工关系及员工考核评估等一系列事务进行管理，以提高劳动生产率，最终使体育赛事按原定计划顺利举办的一种管理行为。

二、体育赛事人力资源的基本特征

1. 社会性

美国管理学家乔治·埃尔顿·梅奥强调：职工是社会中的人，社会中的人不应该是孤立的，而应是与他人充分交流、与社会紧密联系的。体育赛事的人力资源处于社会中，其形成、配置、利用是通过体育赛事分工来完成的，是以社会的存在为前提条件的。体育赛事人力资源的社会性主要表现为，因社会政治、经济和文化水平的不同，体育赛事的人力资源质量也会存在差异，会明显受到社会因素的影响。

2. 能动性

体育赛事人力资源在赛事活动中处于主动地位，是体育赛事中最积极、最活跃的因素。体育人，作为体育赛事人力资源的载体，以及参与体育赛事活动的主体，其能动性表现为能自我强化、选择职业或运动项目等。

3. 可再生性

体育赛事人力资源的可再生性是基于体育人口的再生产和体育劳动力的再生产，通过体育人口整体和劳动力整体内个体的不断替换、更新和恢复的过程得以实现的。这种再生性除了遵守一般生物学规律之外，还受人类社会意识支配作用的影响。

4. 可转换性

当前，国内体育赛事相关领域的学者普遍认为：体育赛事人力资源既是体育赛事的生产者，又是体育赛事的消费者；体育赛事人力资源在从事体育赛事活动中既具有增值的特性，又具有损耗的特性。正是因为体育赛事人力资源具有这样的双重角色特性，其在体育赛事活动中才具有可转换性。

5. 时效性

人的生命周期一般可分为发育成长期、成年期、老年期三个阶段。在体育领域中，发育成长期、成年期这两个时期是创造财富的黄金时期。因此，体育人力资源具有典型的时效性。

三、体育赛事人力资源的分类

体育赛事人力资源可以分为专业技术人才、管理人才和一般服务人才。

（1）专业技术人才，主要指在体育赛事领域具有专长的专业技术人才，包括参赛运动员、裁判员、信息技术人员、医药检测人员、体育法规人员、财务人员等。

（2）管理人才，主要指在体育赛事活动方方面面的有领导能力的组织型人才，包括场馆管理者、各赛事相关部门负责人、项目管理者等。

（3）一般服务人才，主要指在体育赛事相关部门从事基础服务工作的人才，包括志愿者、引导员、升旗手、场馆设施维护人员、协调联络员、翻译等。

拓展阅读

同心筑梦向未来——写在北京冬奥会开幕倒计时100天之际

2015年7月，北京携手张家口获得2022年冬奥会和冬残奥会举办权。历经6年多的筹办，2022年北京冬奥会迎来百日冲刺。

“冰丝带”舞动神州，“雪如意”灵动八方……一个个冬奥地标从蓝图变为现实；工业遗址与冬奥场馆交相辉映，冬奥筹办与首都发展同生共舞……“双奥之城”开启崭新篇章；冰雪运动广泛铺开，冰雪产业全面发展……“带动三亿人参与冰雪运动”的目标照亮美好未来。

2021年10月20日上午，承载着奥林匹克精神的2022年北京冬奥会火种抵达北京，点燃了中国传统礼器“尊”造型的仪式火种台，激荡起人们对奥运再次来到北京、来到中国的炽热情感。

2022年10月5日至12月31日，在北京、延庆、张家口3个赛区的8个竞赛场馆，10项国际赛事、3个国际训练周和2项国内测试活动将陆续举办。早在申办冬奥会时，北京就提出了“以运动员为中心、可持续发展、节俭办赛”的三大理念。在筹办过程中，以运动员为中心的理念更是贯穿始终。

2022年10月8日至10日，首场国际测试赛——“相约北京”速度滑冰中国公开赛在国家速滑馆进行。国家速滑馆团队努力为运动员提供舒适的场地和温馨的服务。在北京市朝阳区，接待运动员及随队官员、外籍工作人员和国际体育组织官员等人员的住宿酒店，最大限度提供人性化服务，专门提供奶酪、泡菜等适合各国运动员口味的餐食。

“一起向未来！”这是2022年北京冬奥会和冬残奥会的主题口号，也是全世界的共同心声。

2022年2月2日至4日，北京、延庆、张家口3个赛区开展传统火炬传递活动。约1200名火炬手将高擎奥运之火跑向梦想成真的时刻，跑向充满希望的未来。

（资料来源：新华网，2021年10月26日，有修改）

◆ 思政园地

2022年北京冬奥会女子空中技巧项目冠军得主——徐梦桃

1998年，中国女子空中技巧队开始出征冬奥会，24年了，共获得5枚银牌，因此有了“收银员”这么一个戏谑的称号。

2014年，徐梦桃出战2014年索契冬奥会时获得了银牌，也成为“收银员”中的一员。

徐梦桃：我当时感觉到这枚金牌，就是触之可及。

2014年索契冬奥会之后，徐梦桃开始积极备战2018年平昌冬奥会，但在第十三届全国冬季运动会的赛场上，徐梦桃受了重伤，左腿膝关节韧带断裂，她不得不接受手术，切除了将近70%的左膝外侧半月板，并在膝盖中打了3根钢钉。

徐梦桃：整个2016年都在用电击片，提高肌肉质量，那个腿电完之后，就会疼好久好久。

重新回到国家队的徐梦桃，为了不影响2018年平昌冬奥会的发挥，一直没有做取钢钉的手术。就这样，徐梦桃带着钢钉站在了2018年平昌冬奥会的赛场上。

2018年平昌冬奥会成了徐梦桃的噩梦，这一次她摔得更重，无缘夺金。

徐梦桃：我当时感觉到，天啊，我真的是拿不了冬奥会冠军，我现在已经28岁了，冬奥会是四年一届，青春有几个四年，尤其是空中技巧女运动员又有几个四年，可能未来我没有机会了。我是不是就注定了与冬奥会金牌无缘？

在2018年平昌冬奥会摔倒后，之前缝合的半月板再次裂开，原本被切除了大半个外侧半月板的左膝，又再度被切除了60%的内侧半月板。

那段时间，徐梦桃的情绪非常低落，她真的打算退出冬奥赛场。为了备战冬奥，别说结婚了，就连父母都难得相见，也就在养伤的这段日子里，才有了父母久违的陪伴。

徐梦桃的父亲徐学君以经营烤串店为生，却酷爱体育，正是他发现女儿在体育上的天赋。在普通人看来，他是一个狠心的父亲。

徐梦桃：我爸爸也跟我说了一句话，他说万里长征都走过来了，不差这一步了，2022年北京冬奥会我们再坚持一下。

备战2022年北京冬奥会这四年比之前更艰难。年龄越来越大，加上切除掉如此多的半月板后，膝盖没有了缓冲带，基本上是两块骨头在摩擦了，当从高台上跳跃落地时，无法想象会给腿部带来多大的冲击和伤害。

2021年12月和2022年1月，徐梦桃在空中技巧世界杯分站赛芬兰和加拿大赛场先后夺冠，个人职业生涯的世界杯冠军数达到27个，成为世界第一人。只差一枚冬奥会金牌来成就她职业生涯的全满贯。

2022年2月14日，她站在了2022年北京冬奥会的决赛场上。徐梦桃直接挑战三周台（向后空翻三周加转1080度），这也是女子赛场的顶尖难度。108.61分，这是女子决赛的最高分，这一次徐梦桃第一，她为自己和中国自由式滑雪空中技巧女队赢得了首枚冬奥金牌，终于破除“收银员”魔咒，创造了历史。

（资料来源：央视新闻客户端，2023年3月4日，有修改）

◎ 案例简析

某大型跨国体育赛事管理公司职能部门的员工年龄结构如下表所示，请分析相关数据并回答相关问题。

职能部门员工年龄结构表

项目	年龄	人数/人
职能部门年龄结构	25岁及以下	45
	26 ~ 35岁	70
	36 ~ 45岁	120
	46 ~ 55岁	69
	55岁及以上	8

思考

1. 这家公司职能部门中员工的年龄具有什么特点？

2. 从员工的职业发展角度看，这家公司当前需要注意哪些问题？

3. 请为这家公司改善员工年龄结构提出建议。

解析

● 实训项目

项目一

请选择自己所在城市的一家体育赛事相关企业，了解其基本经营状况，考察其人力资源特点，包括人员的数量、人力资源的质量，了解企业的人力资源管理规章制度。

项目二

5～7人一组，各组集体讨论并撰写一份体育赛事公司设立方案。

解析

体育赛事的人才类型及组织结构

项目二　体育赛事人力资源招聘、培训与管理

一、体育赛事人力资源的招聘

作为临时性的项目活动，体育赛事具有显著的时效性，其人力资源的招聘对于体育赛事活动的顺利开展尤为重要。体育赛事人力资源的招聘需要根据人力资源规划和工作要

求，寻找、吸引那些有能力又有兴趣在体育赛事中任职的人员，并从中选出适宜人员予以录用。

1. 体育赛事人力资源招聘的意义

体育赛事人力资源招聘的意义在于确保赛事的顺利进行，并为体育事业的发展提供人才支持。

首先，良好的招聘工作能保证体育赛事活动必需的高质量人力资源。人力资源管理理论指出：人力资源管理的重要功能是实现企业人才的“选、用、育、留”。而招聘工作直接影响着体育赛事组织内部人才引进的质量与数量。

其次，良好的招聘工作能保证体育赛事组织管理思想的更新，增加组织活力。新的人力资源的引进自然会引起组织内部管理思想遭受冲击，出现暂时性的意见不统一。这种思想氛围的产生，能使组织形成良性竞争、提高组织战斗力。

再次，良好的招聘工作有利于降低人力资源管理费用。招聘是人力资源管理的基本职能，招聘所产生的费用也成为人力资源管理费用的组成部分。招聘成本主要包括招聘人员的工资、招聘宣传费用、招聘人员的差旅费、招聘现场的场地费用等。如果招聘的员工能符合岗位需求的话，就能大大降低人力资源管理的成本费用。

最后，良好的招聘工作有利于加大体育赛事组织的对外宣传力度，树立体育赛事组织的良好形象。体育赛事组织通过网络与媒介、专场招聘会、校园宣讲等途径进行招聘时，会对外界发布体育赛事组织的基本情况、发展方向、方针政策等信息，求职者会通过各种招聘途径对该组织进行了解。在这一过程中，体育赛事组织要利用好这一平台来展示自身良好的组织文化和管理水平，以吸引组织需要的优秀人才，并树立良好的体育赛事形象。

2. 体育赛事人力资源招聘的程序

在整个体育赛事人力资源的招聘过程中，需要确定一套科学、合理的整体运行方案来保障整个招聘活动的规范与高效运行，招聘程序如图4–1所示。

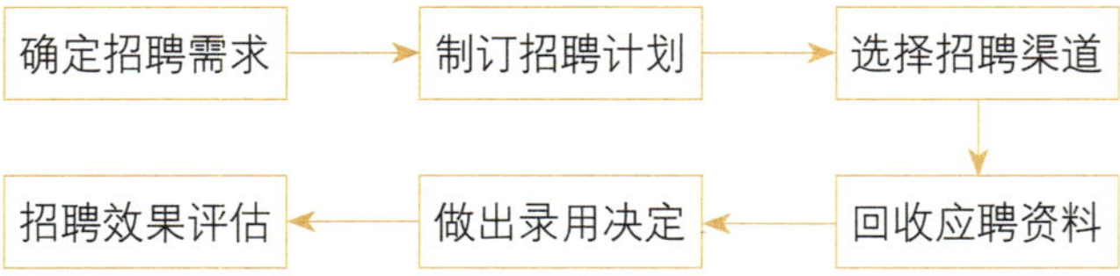

图4–1 体育赛事人力资源招聘程序

3. 体育赛事人力资源招聘的注意事项

（1）招聘数量和质量。

体育赛事组织中负责招聘的人员要严格按照组织内部岗位需求的人员数量行事，根据组织对招聘人员的需求数量选择合适的招聘渠道与方式，避免发生招聘信息发出后没有或者只有很少的求职者前来应聘的现象。但是不管求职者数量多少，体育赛事组织都应严格按照岗位标准进行筛选，做到宁缺毋滥。

（2）招聘成本。

招聘成本包括内部成本和外部成本。内部成本指企业内招聘专员的工资、福利、差旅费支出和其他管理费用。内部成本是企业进行招聘成本核算时最容易忽略的部分，而实际上它占有相当的比重。外部成本包括广告、招聘会支出，招聘代理、职业介绍机构费用，员工推荐人才奖励金和大学招聘费用等。在招聘过程中，人力资源管理部门要严格控制各种招聘成本。

（3）招聘渠道。

招聘渠道的选择事关能否招聘到合适的人才和招聘成本。表4–1是内部、外部招聘渠道优缺点分析表。

表4–1 内部、外部招聘渠道优缺点分析表

优缺点	内部招聘	外部招聘
优点	了解全面	来源广，利于招到一流人才
	可鼓舞士气，激励员工	带来新思想、新方法
	人才可更快适应工作	可平息或缓和内部竞争者之间的矛盾
	使组织培训投资得到回报	人才现成，节省培训投资
缺点	来源局限，水平有限	人才进入角色慢
	“近亲繁殖”	了解少
	可能导致内部矛盾	可能影响内部员工的积极性

（4）人员选拔。

人员选拔也被称为人员甄选，人员甄选是招聘环节中最具有技术、最关键的一个环节，图4–2是人员选拔流程。

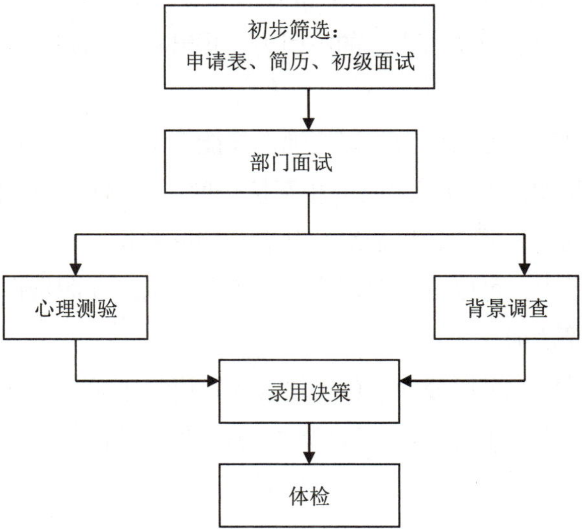

图4–2 人员选拔流程

二、体育赛事人力资源的培训与管理

（一）体育赛事人力资源的培训

体育赛事人力资源的培训可以分为两个部分：一种是针对新员工的培训，也被称为岗前培训，即对新员工进行组织文化教育的培训、岗位操作的培训等，这是新员工工作前的“必修课”，可以让新员工了解体育赛事组织、了解各类规章制度、初步了解组织的运作模式；另一种则是针对在岗员工的培训，也被称为再培训，是针对员工能力的再开发开设的，如技术培训、管理培训、素质培训等。

1. 培训的意义

体育赛事人力资源培训是必不可少的环节，对员工和组织的发展都具有重要意义。

（1）有利于提高员工的整体素质。体育赛事组织内部员工的技能水平、劳动效率的提高和技术、知识储备的增加都与培训密切相关，可以说体育赛事人力资源培训是提高员工整体素质、促进员工积极发展的最有效途径。

（2）有利于提高员工的成就感与满意度。体育赛事人力资源培训可以使员工学习专业技术知识、先进思想理念，以提升工作业绩。这些都有助于提高他们的成就感，增加员工的满意度。

（3）有利于体育赛事组织发掘、培育和储备优秀的人才，使之成为未来发展的中坚力量。

（4）有利于培育体育赛事组织文化。与企业不同，体育赛事组织存在一定的时效性，若没有自己的组织文化，员工很难对体育赛事组织产生归属感。体育赛事组织为其员工提供培训机会，有利于员工形成共同的价值观和道德准则，形成特有的体育赛事组织文化。这对树立组织良好形象、增强对优秀人才的吸引力、提升员工的归属感有重大帮助。

2. 培训的分类

（1）按照培训的内容，可以分为知识培训、技能培训、能力培训、态度培训。其中，态度培训能增强体育赛事组织与员工之间的相互信任度，培养员工对体育赛事组织的忠诚度，使员工的精神状态达到组织要求，增强组织观念和团队意识。

（2）按照培训的形式，可以分为在职培训和脱产培训。在职培训与脱产培训的区别在于员工是否离开岗位接受培训。

（3）按照培训的对象，可以分为新员工培训和在岗员工培训。新员工培训主要是针对组织文化和岗位职责的培训；而在岗员工培训主要是针对技术、管理手段和思想意识等方面的培训。

（二）体育赛事人力资源的管理

1. 对新招聘人员的管理

新招聘人员由人力资源部门统筹管理，依据各自岗位不同被安排至相应部门。相应部门负责人依据岗位要求，为新招聘人员合理安排所需完成的工作任务，尽量为其提供必需的日常工作保障。新招聘人员在培训过程中所遇的实际困难、问题由人力资源培训中心和相应职能部门共同解决。

2. 对员工的考评

对员工的考评是人力资源管理的一个重要环节。合理评价员工也是满足员工各类需求的前提。美国心理学家亚伯拉罕·马斯洛提出的需要层次理论认为：人的需要分为生理需要、安全需要、社交需要、尊重需要和自我实现需要。人的需要是由低层次向高层次发展的，只有当员工得到“自我实现需要”的满足后，才会有更高的工作积极性。而公平地评价每一名员工需要一个评价的“度”，只有评价标准一致，才能更好地满足员工的需要。员工心中对自己的评价与公司对其的评价在很多时候存在一定的偏差，如何去平衡这种偏差，也是体育赛事人力资源管理工作的重心所在。

常用的培训效果评估方法如下：

（1）测试考评。考试是考察员工对知识和技能掌握程度的一种方法。

（2）意见反馈评估。主要是了解员工在培训过程中对培训内容形成的一些感受、态度和意见。例如：培训教师的能力高低、培训方式是否科学、培训内容是否实用等。

（3）工作态度评估。主要是观察员工在培训前、中、后三个时期所表现出的工作热情、工作责任心和组织纪律等是否有转变，从而评估培训的效果。

拓展阅读

杭州第19届亚运会赛会志愿者招聘

一、招募主体

杭州第19届亚运会组委会（以下简称“组委会”）是杭州第19届亚运会（以下简称“杭州亚运会”）唯一合法的赛会志愿者招募主体。此外，受2022年第4届亚残运会组委会委托，组委会将为亚残运会补充招募赛会志愿者。

根据实际需要，组委会可授权或委托相关组织，协助开展招募工作。

二、招募规模

根据延期举办后的工作要求，组委会将补充招募赛会志愿者共约3万名（含备用志愿者），重点招募具有大型赛会志愿服务经历或具备小语种、竞赛经验等相关专业特长的人员。

三、招募条件

（一）基本条件

1. 遵守中国的法律法规，自愿提供志愿服务，接受组委会的指导和管理；

2. 年满18周岁（2005年9月1日前出生），具备开展志愿服务所需要的身体条件和心理素质；

3. 具有良好的沟通协调能力，能够使用英语进行交流，其中非中国国籍志愿者需具备基本汉语交流能力；

4. 能够全程参加组委会组织的各类培训及活动；

5. 具备其他能为赛事运行提供服务的基本条件。

（二）优先考虑条件

1. 有大型赛会志愿服务经验；

2. 能够全程服务亚运会、亚残运会及测试赛；

3. 具备小语种（日语、韩语、阿拉伯语、俄语、泰语、印尼语、波斯语、蒙古语、越南语、柬埔寨语）、竞赛经验等相关专业特长；

4. 具备其他有助于赛会筹办和运行的专业技能。

（三）亚残运会赛会志愿者招募条件

1. 基本条件、优先考虑条件与亚运会赛会志愿者一致；

2. 亚运会赛会志愿者将优先录用为亚残运会赛会志愿者。

四、服务内容及时间

杭州亚运会赛会志愿者主要为杭州亚运会开闭幕式、各项竞赛及活动提供志愿服务，服务地点分别在中国浙江省的主办城市杭州和5个协办城市宁波、温州、湖州、绍兴、金华各赛区。亚残运会赛会志愿者主要为杭州亚残运会开闭幕式、各项竞赛及活动提供志愿服务，服务地点在中国浙江省的主办城市杭州。赛会志愿服务类别包括竞赛运行服务、注册制证服务、礼宾和语言服务、抵离迎送服务、仪式活动服务、观众服务、媒体运行服务、后勤保障服务、交通出行服务、官方会议服务、亚运村及官方接待饭店服务、信息服务以及其他志愿服务。

杭州亚运会赛会志愿服务时间为2023年9月至10月。亚残运会赛会志愿服务时间为2023年10月至11月。赛会志愿者上岗时间原则上为所服务场馆竞赛日程的赛前7天至赛后3天；特殊岗位可根据实际情况灵活安排上岗时间；长时间在室外服务的岗位，应视情安排换岗。

五、报名时间和方式

（一）报名时间

赛会志愿者补充招募申请报名时间为北京时间2022年11月23日00:00至2022年12月31日24:00。

（二）报名方式

所有申请人均应登录“杭州亚运会和亚残运会赛会志愿者招募系统”提交或修改申请信息。

1. 个人申请应实名登录系统进行实名注册，根据在线报名提示正确填写个人信息并提交。申请人应提供个人有效身份证件，包括但不限于护照、中国居民身份证、中国军人证件、中国武警证件、台湾居民来往大陆通行证、港澳居民来往内地通行证等。

2. 团体报名应通过组委会授权或委托的组织进行，由相关组织指导申请人登录系统并填写相应的邀请码进行报名。

（资料来源：中国奥委会官网，2022年11月25日，有修改）

◆ 思政园地

北京冬奥打造志愿者“最美名片”

在2008年北京奥运会之后，志愿者的微笑成了“最美的城市名片”。2022年北京冬奥会前，为了让约1.9万名赛会志愿者能够顺利合格上岗，北京冬奥组委设计了四阶段培训体系，由北京冬奥组委志愿者部（以下简称“志愿者部”）整合线上和线下资源，指导高校和场馆，对志愿者进行了系统性强、特色鲜明的培训。更值得一提的是，他们还培养了一支志愿者培训师队伍，在打造“最美名片”的同时，为2022年北京冬奥会增添了一笔宝贵的财富。

为了培训好赛会志愿者，北京冬奥组委通过顶层设计，建立了通用培训、专业培训、场馆培训和岗位培训的四阶段培训体系，由志愿者部统筹负责，规划了扶残助残专项培训，并面向志愿者经理、冬奥志愿者培训师和骨干志愿者等重点人群进行了系列专题培训，还创新开展了志愿者培训工作的督导评估。

在通用培训阶段，志愿者部推出在线培训、线下培训和实践锻炼三个环节的内容。在线培训依托北京冬奥组委信息与知识管理平台展开，线下培训和实践锻炼由志愿者来源高校组织实施，他们发挥学校场地、学科专业等优势，进行了扶残助残、志愿礼仪、外语口语等强化培训，组织开展了国际形势、思想教育、心理健康等主题教育。据统计，95所志愿者来源高校平均在校内组织开展了不少于10场的线下培训活动。

志愿者部工作人员表示，为保障志愿者线上培训的水准，志愿者部在方案制订、大纲编写、讲义沟通、拍摄录制、后期制作、视频审查等各个环节都投入了大量的时间和精力，并进行了大胆的探索创新。据介绍，志愿者部为线上培训开发了23门必修课程，并提供了部分选修课程。必修课程涵盖基础知识、基本技能和行为规范三类内容。

为了将志愿者打造成为2022年北京冬奥会的“最美名片”，志愿者部除了吸取2008年北京奥运会的经验外，还根据我国冰雪运动基础相对薄弱、冰雪运动志愿服务经验相对不足的现实，设置了系列培训课程，内容涵盖冬奥会历史、岗位技能、冰雪运动常识、防寒防冻知识等内容，具有很强的实用性。

专业志愿者是赛时重要的服务力量，对他们进行专项培训必不可少。在志愿者部的统筹下，对颁奖礼仪领域志愿者进行了为期50余天的封闭强化训练；奥林匹克大家庭、国家和地区奥委会、反兴奋剂领域的志愿者在学校内接受了线下培训；技术、体育、医疗服务等业务领域志愿者的培训结合测试活动，发挥各场馆业务领域经理的作用，以讲授与演练相结合的方式进行；媒体运行、语言服务等业务领域志愿者则通过在线的方式接受了专项培训。

（资料来源：《中国体育报》，2022年1月25日，有修改）

◎ 案例简析

第十四届全运会志愿者招募工作启动仪式

第十四届全国运动会、第十一届残运会暨第八届特奥会赛会志愿者报名已于2020年9月20开始，赛会志愿者申请人的报名时间为2020年9月20日至11月30日。其中高校团体报名于9月20日启动，10月31日截止；社会招募志愿者报名于11月1日启动，11月30日截止。

志愿者类型

第十四届全运会志愿者分为赛会志愿者、城市志愿者、社会志愿者三类。

招募人数

赛会志愿者：根据本次赛事规模和赛区分布，计划招募第十四届全运会赛会志愿者1.5万名，第十一届残运会暨第八届特奥会赛会志愿者1万名（从全国运动会志愿者中优选使用）；城市志愿者8万名；社会志愿者20万名。

服务领域

1. 赛会志愿者服务领域：通用志愿服务包括场馆周边咨询引导、安检引导、看台服务、运动员引导（入馆）、区域引导（入场）、嘉宾引导、团队接待、运动员休息区服务、嘉宾休息区服务、场馆内勤服务、医疗辅助服务、媒体信息服务、场内信息传送、维护保障、形象展示、语言翻译、馆内热身场地服务等；竞赛志愿服务包括裁判员辅助、竞赛服务、检录服务、器材保障、颁奖礼仪、现场播报、兴奋剂检测陪护、体育展示辅助等；专项志愿服务包括全运村驻地服务、赛事指挥和新闻媒体发布中心服务、酒店接待服务（嘉宾、团部）、开闭幕式形象展示服务、文明啦啦队、电视转播辅助服务、筹（组）执委会办公区服务等。

2. 城市志愿者服务领域：礼宾志愿服务包括在机场、车站等主要交通枢纽提供抵离接待、引导、行李搬运等方面的服务；城市重点区域志愿服务包括在各主要街道、旅游景区、商业中心等重点区域设置志愿服务站点提供文化宣传和信息咨询服务。

3. 社会志愿者服务领域：包括文明交通、交通秩序维护、城市治安秩序维护、社区关爱、扶残助困、城市环保、清洁家园志愿服务等。

思考

1. 第十四届全运会志愿者招募工作应分为几个步骤？
2. 在审核选拔过程中应该考察哪几个方面的内容？

解析

实训项目

项目一

请为XX体育文化传播公司赛事专员的招聘工作设计一份招聘方案。

解析

项目二

5～7人一组，考察所在地区正在举行或即将举行的一次体育赛事的志愿者培训状况，了解此次体育赛事志愿者培训的制度、内容、方式、对象等。

要求：从培训方式、培训内容、培训地点和培训效果等几个方面进行调查，调查要尽可能详尽。

体育赛事人力资源管理

项目三　体育赛事从业人员素质能力

一、赛事专业技术人员

1. 参赛运动员

参赛运动员应该具备参加赛事项目所必需的运动技能、身体技能和心理技能等。参赛运动员除必须具有达到参加体育赛事规定的运动成绩外，还需通过赛事组委会组织的身体检测，只有满足这两项规定，方可成为体育赛事的正式参赛运动员。

2. 裁判员

裁判员需具有良好的思想品德素养、较高的职业道德修养、娴熟的业务技能和精通的业务知识，以及较好的身体素质等。裁判员在体育赛事中扮演的角色是公平、正义的“法官”，其思想品德素养、职业道德修养的高低，业务知识与技能的娴熟与否都决定了其在赛场上的执裁水平，这也会影响体育赛事举办的完满度。

3. 技术人员

技术人员需具有专业的信息处理技术、娴熟的业务操作能力、较高的保守秘密意识等。技术人员的主要工作是要充分发挥自身的专业技能，为保障体育赛事的顺利开展提供技术支持。同时该岗位涉及部分赛会保密信息工作，因此要求其具有较高的职业操守。

4. 医药检测人员

医药检测人员需有实事求是的态度、娴熟的业务操作能力等。医药检测人员的职业操守和实事求是的工作态度是阻断体育赛事使用违禁药物的关键，医药检测工作是保证体育赛事纯洁、透明的重要环节。

5. 体育法规人员

体育法规人员需具有专业的法律知识、实事求是的态度、良好的思想品德素养等。体育法规人员通过制定体育赛事规章制度，约束与体育赛事相关的人员的行为，从而保证体育赛事在公平、公正的良好秩序下顺利开展。

6. 财务人员

财务人员需具有服务大众的意识、专业的财务知识、客观公正的态度、较高的保守财务秘密的职业道德修养等。

7. 体育赛事评论员

体育赛事评论员的政治敏感度和大局意识是第一要素；良好的语言表达能力和敏捷的反应，是体育赛事评论员的职业基础；对比赛规则的熟悉和理解，是体育赛事评论员的专业基础；对体育赛事的由衷喜爱，是体育赛事评论员进步的基石；激情、心态体现了体育赛事评论员的职业道德，激情投入是优秀体育赛事评论员可贵的品质。

二、赛事管理人员

1. 场馆管理者

场馆管理者需要具有较高的职业道德修养、娴熟的业务技能和精通的业务知识、较强的人际交往能力等。场馆管理者的能力要求要与场馆设施维护人员的要求区分开来。相比较而言，场馆管理者的能力要求是在强调娴熟的业务技能和精通的业务知识的基础上，突出强调其人际交往能力和处理突发事件的应变能力等综合素质。

2. 赛事相关部门负责人

赛事相关部门负责人需要具有较强的人际交往能力、较强的发现问题并解决问题的能力以及综合协调的能力等。

3. 项目管理者

项目管理者需要具有良好的思想品德素养、较高的职业道德修养、娴熟的业务技能和精通的业务知识、较强的发现问题并解决问题的能力以及综合协调的能力等。

三、赛事一般服务人员

1. 志愿者

志愿者需要具有良好的道德规范、健康的身心、较专业的体育知识、良好的外语交流能力以及强烈的奉献精神等。作为体育赛事的志愿者，还必须有诚实守信的意识、良好的大局观以及团队精神。只有这样才能为体育赛事的顺利开展提供牢靠的后勤保障。

2. 场馆设施维护人员

场馆设施维护人员需要具有娴熟的技术操作能力、良好的职业道德修养等。其中技术操作能力又包括理论技能和实际操作技能。

3. 协调联络员

协调联络员需要具有较强的人际交往能力、较强的发现问题并解决问题的能力、综合协调能力等。体育赛事的开展有明确的任务分工，需要多部门协同完成。协调联络员是决定体育赛事能否如期顺利开展的关键一环。

拓展阅读

体育竞赛裁判员管理办法（节选）

第一章　总则

第一条　为保证体育竞赛公平、公正、有序进行，规范体育竞赛裁判员资格认证、培训、考核、注册、选派、处罚等监督管理工作，根据《中华人民共和国体育法》，制定本办法。

体育竞赛裁判员管理办法

第二条　体育竞赛裁判员（以下简称裁判员）实行分级认证、分级注册、分级管理。

第三条　国家体育总局（以下简称体育总局）对在我国（不含香港、澳门特别行政区）正式开展的体育运动项目裁判员的管理工作进行监管。各级政府体育主管部门负责本地区相应等级裁判员的监督管理工作。

……

第三章　裁判员技术等级认证

第十六条　裁判员技术等级认证考核内容分别为：竞赛规则、裁判法和临场执裁考核和职业道德考察。晋升国家级裁判员应当加试英语或该运动项目的国际工作语言，作为资格认证的参考。根据各运动项目裁判工作的需要，晋升国家级、一级裁判员的技术等级认证可增加专项体能的考核内容。

第十七条　三级裁判员技术等级认证标准：年满18周岁中国公民，具备高中以上学历，能够掌握和运用本项目竞赛规则和裁判法，经培训并考核合格者。

第十八条 二级裁判员技术等级认证标准：具有一定的裁判工作经验；任本项目三级裁判员满一定年限，能够掌握和正确运用本项目竞赛规则和裁判法，经培训并考核合格者。

第十九条 一级裁判员技术等级认证标准：具备担任省级体育竞赛裁判员的经历，任本项目二级裁判员满一定年限，能够掌握和准确运用本项目竞赛规则和裁判法，经培训并考核合格者。

第二十条　国家级裁判员技术等级认证标准：具有较高的裁判理论水平和执裁全国性体育竞赛经验，能够独立组织和执裁本项目竞赛的裁判工作；任本项目一级裁判员满一定年限，经全国单项协会培训并考核合格者。

第二十一条　各全国单项协会负责制定本项目各技术等级裁判员培训、考核和技术等级认证的具体标准，以及报考国际裁判员人选的考核推荐办法，具体标准和考核推荐办法须经公布后执行。

第二十二条　各级、各类裁判员技术等级认证的单位，不得跨地区、跨部门、跨运动项目认证裁判员技术等级。裁判员由于工作调动，可持本人注册证明和裁判员证书到所在地方相应的注册单位申请变更注册单位。国家级裁判员变更注册单位，应当报全国单项协会备案。

第二十三条 各全国单项协会，各省、自治区、直辖市政府体育主管部门或同级地方单项协会可根据本项目、本地区开展裁判员技术等级认证的条件，组织一级（含）以下的裁判员技术等级认证等工作。

第二十四条　各级裁判员资格认证单位应当至少每两年举办一次裁判员技术等级认证考核。合格者授予相应的裁判员技术等级称号。

第二十五条 不符合裁判员资格认证条件的各级体育主管部门或各级单项协会不得对相应等级的裁判员进行技术等级认证等工作。

第二十六条 各全国单项协会应当统一制作并发放本项目各技术等级裁判员证书。

第二十七条 对各等级裁判员进行技术等级认证，不得收取费用。

……

（资料来源：中国政府网，2015年9月23日，有修改）

◆ 思政园地

让奥林匹克之光永远闪耀

2022年2月4日，灿烂的奥运之火在“鸟巢”上空再次绽放，照亮古老民族的冰雪梦想。从赫拉神庙到万里长城，悠久辉煌的东方文明与奥林匹克再度携手，共同奏响和平、友谊、进步的动人乐章。

“世界期待中国，中国做好了准备。”习近平总书记的话语，道出了全体中华儿女的豪迈自信，一届精彩、非凡、卓越的冬奥会即将呈现在世人眼前。

谱写奥运华章 铸就中国梦想

沿北京中轴线一路向北，空中俯瞰，国家速滑馆这一拔地而起的新地标流光溢彩、引人瞩目，22条“丝带”盈盈欲舞，宛若冰面上刻下的晶莹轨迹。

如今，冬奥的脚步愈来愈近，这座北京冬奥唯一新建冰上竞赛场馆，作为“双奥之城”携手张家口共襄盛会的历史见证，即将记录下新时代逐梦奥运的崭新篇章。

奥运逐梦，历经百年风雨。中国人民向奥运迈进的足迹，与中华民族迈向复兴的历程相伴而行。

夏奥赛场，从洛杉矶奥运会射落奥运首金，到雅典之行中国代表团高居奥运金牌榜第二；冬奥舞台，从叶乔波为中国摘得冬奥第一枚奖牌，到杨扬在盐湖城首度折桂……

中国的奥林匹克之路叠加于改革开放历史进程，奥运健儿们以一个个振奋人心的佳绩，展现出社会主义中国的勃勃生机，投射出中华民族奋力进取的身影。

2008年8月8日，第29届夏季奥林匹克运动会在北京隆重开幕。

夜幕下，29个焰火“脚印”闪耀苍穹，掠过民族兴衰的历史光影，在国家体育场上空化为星光熠熠的奥运五环，点燃了萦绕在中国人心头的百年梦想。

恢宏壮观的开闭幕式，跌宕起伏的赛事进程，盛况空前的广泛参与，奥运会梦幻般开在“家门口”，令昔日的“奥运三问”得到圆满回答。

这是一个梦想的实现，更是一段新征程的开启。冬梦飞扬，追梦脚步从未停歇。

“北京冬奥会是我国重要历史节点的重大标志性活动，是展现国家形象、促进国家发展、振奋民族精神的重要契机。”习近平总书记深刻点明其历史意义。

党的十八大以来，以习近平同志为核心的党中央谋划推动体育事业改革发展，助力全民健身和全民健康深度融合，推动体育事业迈上新台阶。

奥运梦交汇中国梦。冬奥竞技舞台上，中国健儿为国争光的爱国情怀、奋勇向前的拼搏精神、扬我国威的民族自信，成为实现中华民族伟大复兴的精神动力。

相聚五环旗下 携手共创未来

“我们都需要爱，大家把手都牵起来，Together for a shared future，一起来一起向未来。”朗朗上口的歌词、悠扬动感的旋律，伴随着冬奥会开幕渐近，北京冬奥会和冬残奥会主题口号推广歌曲《一起向未来》火遍大江南北。

“一起向未来”是振奋人心的口号，更是团结奋斗的号召，诠释出构建人类命运共同体的中国倡议，凸显奥林匹克精神的时代价值。

面对百年变局和世纪疫情交织的复杂形势，奥林匹克格言历史上首次更新，在“更快、更高、更强”之后加入“更团结”，号召全世界人民团结一致、共克时艰。

2022年，在北京冬奥会“一起向未来”的愿景里，中国与奥林匹克运动携手前行，为创造一个更加美好的世界注入了澎湃动力。

（资料来源：新华网，2022年2月2日，有修改）

◎ 案例简析

哨声的召唤——记中国裁判组冲击卡塔尔世界杯之路

带着荣耀，也带着遗憾，马宁、施翔、曹奕结束了2022年卡塔尔世界杯之旅。

三名大学体育老师，代表中国裁判员时隔二十年再次出现在男足世界杯赛场上；可惜最终无缘携手登场，未能吹响渴盼的那声哨音。

“直面差距，砥砺奋进！”马宁说。2022年12月23日，刚刚回国的马宁和施翔就已经出现在中超赛场。为了抵达世界杯，他们付出所有；从世界杯归来，他们热爱不息。因为绿茵场上的哨声，始终在召唤着他们。

裁判起点：因为热爱

对足球的热爱，是大多数足球裁判生涯的起点。

1999年，马宁以田径专业考进沈阳体育学院，也开始了业余足球裁判生涯。“我从小就喜欢踢球，进学校就从田径改学了足球专业。开始做裁判员，做班级的、学校的比赛，以及最基层的业余比赛。能出去吹比赛的时候，就尽量去做。”马宁回忆道，“当时别说世界杯裁判员，连国际裁判员、中超裁判员都没想过。”

曹奕同样如此：“本来想当球星，当不了球星上大学。老师跟我说，既然这么喜欢足球，可以把足球裁判员作为以后从事足球工作的切入点。”

马宁的妻子始终忘不了他们上大学时马宁搭着公交车四处吹比赛的经历：“两块钱的公交车坐一个小时过去，再坐一个小时回来，一场比赛酬劳是20块钱。真的觉得他是特别喜爱这个东西。”

职业赛场：兼职裁判

从2009年到2012年是中国足球一个特殊的阶段，在反赌扫黑中，足球裁判员的声誉跌至谷底。2010年，马宁开始执裁中超，施翔、曹奕也在那个阶段进入职业联赛；新一代的中国足球裁判员在风暴中努力重新开始。

“那是我们世界观、人生观、价值观形成的重要阶段。作为一名年轻裁判员，我很快上到职业联赛。同时也树立了一个概念，有些事情永远不能做，因为我有更高的目标、更高的追求。”施翔说。

更大的舞台，也提出了更高的要求。“业余爱好可能我今天喜欢就去做，累了就休息。但是到了高水平，一定得超级自律。”马宁说，“不管春夏秋冬，天冷天热，一下班操场上人少了，我就去跑。人家说这个‘神经病’又去跑步了。”曹奕笑着说。

世界杯梦想：放手一搏

经过十多年的不断前行，曾经遥不可及的世界杯梦想，在他们眼里逐渐清晰。2018年底，三人入选卡塔尔世界杯候选裁判员名单。

“真正开始有（冲击世界杯）这种想法的时候，实际是2011年成为国际裁判员以后。”马宁说，“这个期望不是凭空而来的，是真正我们付出，把我们的比赛做到这个程度上，才有这个期望的。”

2020年开始，卡塔尔世界杯的裁判员遴选进入关键阶段。2020年1月，马宁收到3月份第二期世界杯候选裁判员培训通知，为了按时参加培训，马宁临时改变计划，提前赶往培训地多哈。“联系了卡塔尔当地的朋友，住在他一个车库改造的小房间。每天在室内训练，努力保持一定的体能。”

“国际足联对我们的每一轮考核都是全方位的，包括日常体能训练监测、定期体测、理论测试、视频案例测试、英语测试、赛事执法水平评估等，这要求我们不能有短板、不能有纰漏，必须全力以赴。”马宁说。

2022年5月19日，国际足联公布卡塔尔世界杯裁判员名单，中国裁判组入选。“当时曹奕老师不在，如果他在的话，我们三个人说不定会抱头痛哭。”施翔说。

2022年6月份，马宁和施翔、曹奕参加了世界杯裁判员的第一次正式培训。“第二期培训班的时候，体能测试一共公布了五项数据，（我）有四项是第一，一项是第三。”马宁说，“看到这个成绩的时候，心里说这么多年的努力和坚持真的没白费。”

卡塔尔留憾：永不止步

梦想最终一步之遥。世界杯期间，马宁担任了六场小组赛的第四官员，施翔、曹奕分别担任了三场比赛的候补助理裁判员。因为资历等原因，中国裁判组未能携手登场。

“确实有遗憾，虽然我们站到了世界杯舞台上，但是没能吹响这声哨。”马宁说。

“这一路走来最大的收获是四年准备期，我们真正知道了需要准备哪些东西。”马宁说，“到了世界杯赛场后，我们通过训练、总结、比赛，真正了解了世界杯这个足球最高舞台的魅力，也明确了我们应该做什么，需要从哪个方向去更好地执法比赛。”

三名裁判员都表示，通过与全世界的优秀裁判员交流，整个裁判组收获颇丰。“大家基本上每天都在一起，在不同国家、不同风格的裁判员身上能发现很多优点。”马宁说。

曹奕也表示，“欧洲和美洲的顶尖足球裁判员，他们对足球、对裁判事业的理解和看法，有些方面跟我之前的认识不太一样。”

施翔说：“希望我们带回去的经验可以帮助更多的年轻人，树立他们的方向和希望。”

曹奕坦言，在卡塔尔的一个月时间，团队里每个人都做出了自己能力范围内最大的努力。“我们能做的已经做到最好了。某种意义上，不完美也是一种完美。”他说，“能付出到这种程度，是一件很幸福的事情。”

（资料来源：新华网，2022年12月24日，有修改）

解析

思考

一名优秀的裁判员应该具备哪些素质？

实训项目

项目一

就自己所在城市举办的大型赛事志愿者队伍的综合能力和服务状况进行一次调查。

项目二

为杭州第19届亚运会组委会设定一份组织框架图，同时给出你所设定的相应岗位的能力要求。

解析

体育赛事从业人员素质要求

模块五　体育赛事风险管理

教学提示

1. 体育赛事风险管理的界定；
2. 体育赛事风险分析；
3. 体育赛事风险管理的流程；
4. 综合体育赛事风险管理预案；
5. 单项商业体育赛事风险管理预案。

模块概要

近年来，全国各地先后举办了多次规模较大的体育赛事活动，取得了一定的社会、经济效益，但因各种不可抗因素导致比赛延期或取消的事件却也不胜枚举，常令举办方叫苦不迭、损失惨重。另外，体育赛事引发的人身伤害事件也屡见不鲜，如狂热的球迷冲向赛场、发泄不满情绪的观众向赛场投掷危险物品……这些体育赛事风险事件的发生，会对多方造成严重的损失。因此，分析和探讨体育赛事的风险及风险管理，以更好地理解和认识并预防体育赛事风险，是非常必要的。

项目一 体育赛事风险管理概述

一、体育赛事风险管理的界定

1. 体育赛事风险管理的概念

早在公元前1700年，我国长江流域从事货物水运的商人们就采取了将一批货物分装于几条船的做法，这实质上是“风险分摊，损失分摊”的避险处理方法。另外，在古代，富商巨贾们常将贵重物品交由镖局武装护送，这也是“风险转移”的处理方法。风险管理的目标是实现最大的安全保障，通过探求风险发生、变化的规律，认识、估计和分析风险所造成的危害，选择适当方法处置风险，尽量避免危害和减少损失。

体育赛事具有极强的时间性和空间性特征，风险充斥在体育赛事的各个环节。体育赛事风险具有全程性、整体性的特点，筹办活动在体育赛事中的任何环节出现了问题，整个体育赛事工作的组织就会面临着损失。体育赛事风险管理是对整个体育赛事过程中可能存在和发生的特定危害事件进行预防，包括对“物”的风险管理，又包括对“人”的安全管理。因此，本书把“体育赛事风险管理”界定为“采用科学的方法对体育赛事过程中可能存在和发生的特定危害事件进行有效的识别、评估和应对的过程”。

2. 体育赛事风险的特点

（1）存在的客观必然性。

体育赛事风险是客观存在的且不以人的意志为转移的，但通过对风险的识别和评估进行必要的控制和防范，体育赛事风险是能够避免的。国外规避体育赛事风险发生的通常做法是通过投保转化风险，而国内的通常做法是从源头切断风险的发生。

（2）发生概率的偶然性。

就某一具体的体育赛事而言，其风险的发生是偶然的、潜在的。一般而言，只有具备风险发生的条件才会发生相应的风险事故，这是体育赛事风险的典型特征。

（3）风险的可变性。

在一定条件下，体育赛事的风险通过有效的风险识别、风险评估和风险转化是可以防范和规避的。在举办体育赛事时之所以会出现巨大的损失，往往和举办主体的风险意识不够、风险转化措施不力相关。

（4）风险发生的相关性。

风险的发生与人类的相关决策、行为具有紧密的联系，即同一体育赛事风险事故对不同的组织者会产生不同的风险，同一组织者由于决策或组织措施的不同，也会面临不同的风险结果。

二、体育赛事风险分析

针对体育赛事可能存在的风险，可以从时间、空间、天灾和人祸这四个方面来进行具体分析。

1. 不同阶段的体育赛事风险

（1）赛事申办阶段。

在体育赛事申办的过程中，申办者自身条件的欠缺和外界条件的不断变化，可能给申办者造成一定的损失，这个损失主要集中在人力、物力和财力方面。

（2）赛事筹备阶段。

在赛事申办成功后，就进入了赛事筹备阶段，在这一阶段会面临政府的支持与否、赞助金是否及时到位、门票销售是否理想等一些不确定性因素所带来的风险。

（3）赛事实施阶段。

在赛事实施阶段，各种主、客观因素（如气候、人力、物力、竞赛项目、技术、场地器材、环境保护、自然灾害、突发公共事件等）的存在，使体育赛事面临比赛延期、财物损失、环境污染、人员伤亡等风险。

（4）赛事结束阶段。

在一个大型体育赛事结束后的一个阶段内，体育比赛场馆的综合开发利用、体育赛事对举办地影响的好坏等，都是在赛事结束阶段所要考虑的。

2. 不同地点的体育赛事风险

（1）体育赛事期间食宿地点存在的风险。

（2）体育赛事期间交通路线和工具存在的风险。

（3）体育赛事期间比赛场馆内外存在的风险。

3. 体育赛事中的天灾

（1）气候条件。体育赛事的成功举办与气候条件（如暴风、雨雪、冷热极端天气等）有着密切的关系，由于气候条件的突然改变而给体育赛事造成损失的案例不胜枚举。

（2）自然灾害。自然灾害如台风、洪水、地震、泥石流等，均会给体育赛事的如期举办带来一定的负面影响。

（3）体育赛事期间突发疫情。疫情可能会使赛事停办或延期而带来损失，包括球员收入、联赛赞助费用、广告费用、门票销售、赛事版权等。

4. 体育赛事中的人祸

（1）体育赛事期间火灾、爆炸等危害公众安全的危险事件。

（2）体育赛事期间食物中毒、交通拥挤、踩踏事件等危害公共安全的群体事件。

（3）体育赛事期间场馆坍塌事件。

（4）体育赛事期间运动员、观众伤亡事件。

（5）体育赛事期间医疗、合同、保险、相关法律法规不完善导致的风险。

三、体育赛事风险管理的流程

体育赛事运作离不开社会系统，而现代社会处于一个不断变化的系统中，因此体育赛事所面临的风险种类日益增多。正确面对风险而不逃避风险是体育赛事组织者成功运作赛事不可或缺的一个因素。风险管理是在对风险的不确定性及可能性等因素进行考察、预测、收集、分析的基础上，制订出包括识别风险、衡量风险、积极管理风险、有效并妥善处理风险等一整套系统而科学的管理方法。

管理学中的闭环物料需求计划逻辑流程图，构建了一个完整的生产计划与控制系统来对企业的安全生产进行控制管理。参考闭环物料需求计划逻辑流程图，可以构建“体育赛事风险管理预警程序”来指导体育赛事管理者进行风险管理。（图5-1）

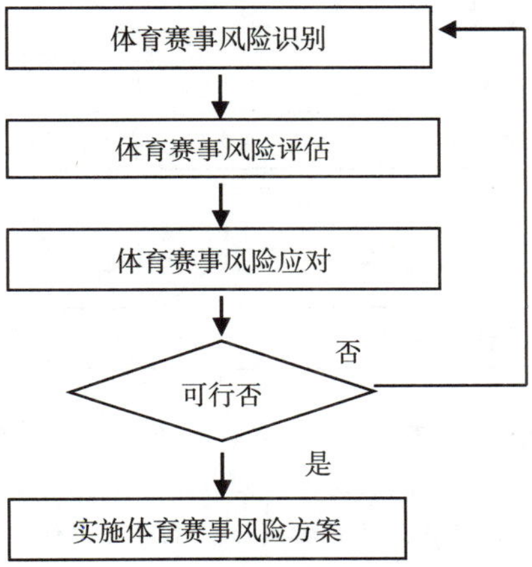

图5-1　体育赛事风险管理预警程序

体育赛事风险管理的目标可分为损前目标和损后目标。损前目标是指在风险发生前即做好风险识别、分析、控制和防范措施，最大限度降低风险发生的可能性；损后目标是针对已经发生的风险损失，尽最大努力减少或消除损失所带来的影响，以维护体育赛事的正常运行。

1. 体育赛事风险的识别

体育赛事风险识别也就是分析致险因素。致险因素简单来讲就是导致体育赛事产生潜在风险的外部环境和内部条件，对致险因素的分析就是对各类体育赛事的致险因素加以判断、识别、归类并对其性质进行定性的过程。

（1）体育赛事风险识别方法。

①列表排序法。风险识别实际上是对未来风险事件的设想，是一种预测。如果把经历过的风险事件及其发生原因一一罗列，那么管理人员就容易开阔思路，从而认识到本次体育赛事存在哪些潜在风险。列表可以包括多项内容，如以前此类赛事成功或失败的原因、

赛事其他方面规划的结果、赛事产品或服务说明书、赛事工作人员的技能、赛事可利用的资源等。若有涉及保险的内容，可以到保险公司去索取相关资料，以及时察觉还有哪些风险未考虑到。

②事故树分析法。事故树分析法是由美国贝尔实验室于1962年首先提出来的，被广泛应用于各个领域。风险识别要减少赛事结构的不确定性，就必须明确赛事的组成及各个组成部分的性质、它们之间的关系、赛事同环境之间的关系等，并将其制作成一目了然的事故树分析图来辅助赛事风险的识别。图5-2为观众拥挤导致伤亡的事故树分析。

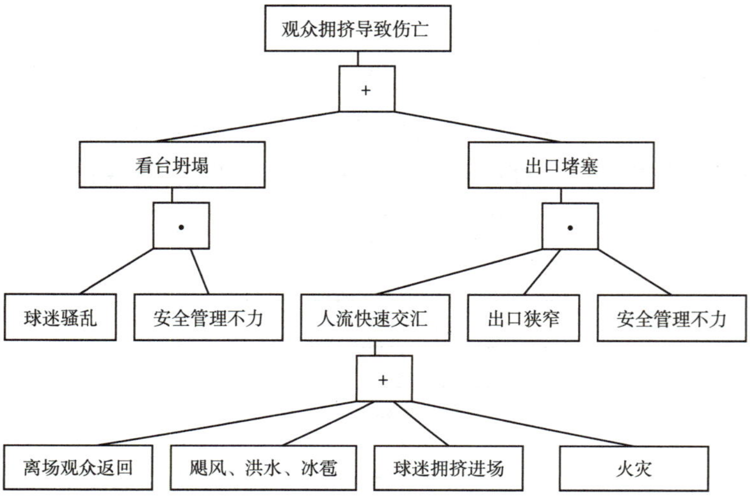

图5-2 观众拥挤导致伤亡的事故树分析

（注：符号“+”表示“或”，即下面的事件有一个发生，上一层事件就会发生；符号“·”表示“与”，下面连接的事件都发生，上一层事件才会发生）

③常识、经验和判断。以前举办过的赛事所积累起来的资料、数据、经验、教训以及工作团队成员的个人常识、经验和判断在风险识别时是非常有用的。此外，将赛事各个部门聚集在一起，就风险识别进行讨论，仔细分析和预测可能的风险，也可能发现在一般工作计划中未曾发现的风险。

④演习或测试结果。利用实验或试验结果进行风险识别是一种十分有效的方法。这些方法包括模拟真实场景的演习、数学模型、计算机模拟、市场调查或文献调查等。

（2）体育赛事风险识别结果的整理。

风险识别后必须将结果整理出来，写成书面材料，为风险分析的其余步骤和风险管理做好准备。风险识别的成果应该包含以下内容：

①风险来源列表。尽可能全面地在表中列出所有风险，不管风险事件发生的频率和可能性、收益或损失有多大，都要一一列出。并对每一种风险来源进行文字说明，说明中要包括风险事件可能造成的后果、其预计发生的时间和频率等。

②风险分类。把识别到的风险因素进行分类，分类结果应当便于进行风险分析。

③风险表现特征。风险表现特征是指风险事件的各种不同外在表现，即苗头或前兆等。如工作团队或成员没有及时交换彼此之间的意见，就存在体育赛事进度拖延的苗头；场馆建设现场材料、工具随地乱丢，无人及时回收整理，就是安全事故、项目质量出问题和成本超支风险的前兆。

④对赛事其他方面的要求。在风险识别的过程中，可能会发现体育赛事管理过程中出现的其他问题需要解决。例如，当发现某些隐性风险，但又无人制订预防措施时，就必须及时向有关人员提出要求，让他们采取措施防止风险的发生。

2. 体育赛事风险的评估

风险本身具有内在联系，这由风险的性质和风险的特征决定，反映了风险管理主体由风险所引发的某种形式的行为模式与行为趋向。对体育赛事风险效应的预测评估是在分析体育赛事致险因素的基础上，对所收集的风险资料进行分析和评估的过程。风险评估是在科学的基础上，对风险进行鉴定、鉴别、定性分析、定量分析。风险具有相对的稳定性和可测量性，这是风险管理测量的前提条件。借助风险评估表可以对风险管理特征和取向、客观刺激及评价标准等共性因素进行有价值的分析和探讨，这种方法在风险管理的测评中占据着主导地位。风险评估内容包括以下几个方面：

（1）风险的存在和发生时间分析，即风险可能在哪个阶段、哪个环节上发生；

（2）风险的影响和损失分析，风险影响的严重程度及可能带来的损失，某些风险发生的概率不大，但一旦发生可能会产生恶劣影响，如体育赛事中的伤亡事件；

（3）风险发生的可能性分析，通常用概率表示风险发生的可能性；

（4）风险可控性分析，风险原因研究是为预防对策服务的。

3. 体育赛事风险的应对

风险应对是指风险管理主体针对致险因素所带来风险的概率和程度应该采取的措施和方案。选择风险对策是依据一定的指标综合运用各种评价方法对致险因素及风险进行管理的最优方案。风险应对的方法，通常从改变风险因素的性质、降低风险发生的概率和减轻风险发生的后果三个方面入手，对号入座，根据不同的风险因素，采取不同的应对策略，如风险回避、风险转移、风险降低、风险自留、风险应急和立法管理等。

（1）体育赛事风险回避。

体育赛事风险回避是指在举办体育赛事的整个过程中，由于某些原因（主客观因素）导致发生风险事故的可能性较大、风险后果的伤害程度较为严重且风险的可控性较弱，而主动采取措施放弃（如停办、转办、缓办等）原先承担的风险或者完全拒绝承担风险的行动方案。从某种意义上说，体育赛事风险回避能将发生伤害风险的概率降低为零。需要特别说明的是，采用风险回避是各种风险应对方法中最为简单的方式，同时也是较为消极的一种方式，因为没有了风险，也就没有了举办体育赛事所获得的收益。

（2）体育赛事风险转移。

体育赛事风险转移是指一些单位和个人为避免承担风险损失，有意识地将损失转嫁给另外的单位或个人去承担的方式。风险转移的方法很多，对体育赛事过程中的风险，一般采用的风险转移方法是办理各种赛事保险（包括运动员、赛事工作人员、观众、各种场馆设施器材等硬件设施等），通过专门的机构，根据有关法律，与保险公司签订保险合同，合同内容明确注明各自应承担的风险责任。这样一来，一旦发生不测，可以有效降低损失。

（3）体育赛事风险降低。

体育赛事风险降低是指在举办体育赛事时，通过对可能造成体育赛事风险的主客体因素进行有效的识别和评估，设法降低既不能回避也不能转移的风险发生的概率、减轻伤害程度的方法。例如，成立赛事风险控制中心，配备对赛事风险管理有丰富经验的专家，在赛前和赛中定期召开风险会议，赛后做好经验教训的总结工作。在体育赛事举办期间要及时发现各方面存在的风险并予以排除，并积极对相关人员进行安全意识教育，督促各方提高警惕，组织适当的模拟演练，如赛场突发公共事件演练、反恐演练、疏导逃生演练等。风险降低包含风险预防和风险控制两个方面：风险预防就是通过各方面的努力尽可能防止风险的发生；风险控制就是如果有些风险已经发生了，则努力降低受损的程度。风险控制的具体工作有安全检查、安全保卫、信息管理、工作人员培训等。相对于风险回避，风险降低是一种积极的风险应对方法。

（4）体育赛事风险自留。

体育赛事风险自留是指在举办体育赛事的过程中，将那些伤害发生的可能性小、发生后伤害程度轻且伤害的可控性强的风险留给自己的一种行为方式。风险自留也是处理残余风险的一种应对方法，风险自留的受体是体育赛事组织者。

（5）体育赛事风险应急。

体育赛事风险应急是指针对体育赛事中可能出现的风险，事先制订风险应急处理方案。大型体育赛事都会设立一个突发事件管理机构，并事先制订一系列的应急计划来预防和应对各种突发事故。风险应急就是事前对可能发生的风险事件制订周密的应对计划，一旦发生此类事件，就可以启动相关计划来降低损失。例如，为应对体育赛事意外伤害事故和不可抗拒的危险，现场要配备具有一定水平的急救人员，并确保其能在事故发生的第一时间积极开展救护，在救护过程中对不同的伤病情况做初步的区分和处理，并与急救单位建立畅通的联系和保持消防急救运输通道的畅通。

（6）体育赛事风险立法管理。

在体育赛事风险管理中有效杜绝风险事故发生的最根本的手段是立法管理。体育赛事本质上是以利润最大化为根本目的，围绕体育竞赛这一核心产品展开的经营活动。在运作过程中，由于体育竞赛产品自身所具有的无形性、一次性、不可预测性，生产和消费的同时性、延伸性和增值性，以及同一竞赛产品质量评判的差异性和运作外部环境、内部环境变化的影响，体育赛事管理过程中必然存在风险。为保证体育赛事自身利益不会受到损害和体育赛事的顺利进行，现代体育赛事管理者必须具备对潜在风险进行辨识，并通过法律对其进行有效控制的能力。我国体育赛事相关的法律文件主要有《中华人民共和国体育法》《体育赛事活动管理办法》等。

4. 实施风险方案

风险方案的实施是风险管理的最后阶段，是在对各种风险对策进行评价和选择之后，经过体育赛事组织者的决策，制订的具体的风险管理计划。对风险方案的实施实行目标管理，可以降低或规避体育赛事运作过程中可能产生的各种不确定的风险。

拓展阅读

迄今为止，理论界对体育赛事最有代表性的表述有以下几种：

（1）将体育赛事作为一种特殊事件。

国外认识体育赛事的普遍切入角度是把体育赛事看成特殊事件（Special Event）。特殊事件范围广泛，包括传统仪式、文艺表演、宴会、展览会和体育竞赛活动等，其中体育赛事是很重要的一种特殊事件。

（2）将体育赛事作为一种项目活动。

体育赛事是一种具有项目管理性质的特殊事件，在规模和形式上受规则、习俗和传统的影响，具有组织文化背景和市场潜力，提供竞赛产品和相关服务，迎合不同参与体分享经历的需要，能对社会和文化、自然和环境、政治和旅游及经济等各个领域产生冲击影响，包括超大型、大型和一般赛事。

（3）将体育赛事作为风险事件的综合。

风险的产生源于客观世界的不确定性及对风险认识的有限性，之所以研究风险是因为风险通常与损失相联系。同样，举办体育赛事也存在不确定性的风险，而识别和规避体育赛事的风险是保障体育赛事顺利进行的必要条件之一。

综上所述，可以将体育赛事界定为：具有市场营销、项目管理、组织文化等背景特征，受运动项目、竞赛规则以及社会经济等多种因素制约，能够提供体育竞赛产品和相关服务产品，以满足体育消费者多种需求的特殊活动。

◆ 思政园地

冰雪的选择　精彩的答卷——全国冬运会铭刻内蒙古印记

热闹喧嚣的赛场总会归于平静，寒冷寂寥的冬天总会等来春暖花开，燃烧了11天的冬运圣火也终将熄灭，第十四届全国冬季运动会（以下简称“十四冬”）于2024年2月27日晚落下帷幕。

“十四冬”与内蒙古的牵手是冰雪的选择，是难得的机遇，内蒙古以一往无前的精神交出一份精彩答卷，不仅掀起了内蒙古自治区冰雪热潮，更为各地与冰雪的“双向奔赴”留下生动注脚。

内蒙古的冬季，拥有优质丰富的冰雪资源。冬季的内蒙古，几乎集合了中国各地的冰雪美景，辽阔无垠的雪原，连绵起伏的群山，温暖滋润的温泉，交错的河流、湖泊、沙漠、森林，形成了震撼人心的冰雪画卷。

在壮美辽阔的风景中，民俗节庆活动遍布各盟市，冰雪那达慕、冰雪“伊萨仁”、冬捕节、圣火文化节、银冬驼文化节等，游客沉浸于冰雪文化的欢乐氛围中，醇正鲜美的内蒙古味道令人难忘。

内蒙古在冰天雪地中的别样魅力渴望被更多人看到，萌芽起步的冰雪运动渴望更多人参与，群众对冰雪的热情渴望被更多活动满足……千呼万唤汇成一句期盼，渴望通过“十四冬”唤醒沉睡的冰雪资源。

“十四冬”开幕以来的11天，运动健儿奋勇争先，现场观众激情澎湃，赛事保障周到热情，内蒙古向全国人民奉献了一场“简约、安全、精彩”的体育盛会。

在内蒙古冰上运动训练中心，花样滑冰、速度滑冰、冰壶、冰球项目同时开赛且互不影响。在这个组团式场馆群中，运动员和观众的体验被放在首位，工作人员场馆仿真系统不断预演并优化着真实世界中的场景，确保各项比赛顺利进行。

清晨6点半，冰壶馆里的志愿者手持专业工具，开始清理碎冰；零下25摄氏度，交通保障志愿者引导观众有序入场，在户外一站就是很久。“十四冬”公开招募的2000多名志愿者，被亲切地称为“小雪团”，为各方来宾提供热情的服务。

开幕式上，演员和观众嗨跳《站在草原望北京》；花滑赛场上，观众热情的加油令香港选手苏怡直说“内蒙古是我的‘福地’”；自由式滑雪比赛中，百余名观众顶着寒风为选手送上“热辣滚烫”的加油呐喊……热情的观众成为“十四冬”上的另一道风景线，与运动员们共同书写精彩的冬运故事。

赛场外同样热闹。巡游古城沉浸式体验、“天天冰雪那达慕”等活动将传统与现代紧密连接，吸引运动员和宾客在比赛之余感受多彩的北疆文化。

“十四冬”来到内蒙古，内蒙古用最大的热情与之相拥，成就了“双向奔赴”。

内蒙古建成了冰上项目比赛场馆，培养锻炼了一批赛事裁判员和场地器材维护保养专业技术人才，为今后承办高水平冰雪赛事奠定扎实基础。全区举办“冬运惠民”系列赛事活动，全民参与冰雪运动的热情空前高涨。

从内蒙古接过“十四冬”会旗那一刻，就注定了一段新的冰雪奇缘。人们有理由相信，“十四冬”的成功举办，将会打开更多的“双向奔赴”。

（资料来源：新华网，2024年2月27日，有修改）

◎ 案例简析

走进·走近｜全场景护航亚运　大型国际赛事保险保障有何新探索

上万名运动员在赛场激烈角逐，竞赛训练、开闭幕式、火炬传递、展览展会、宣传表演等场景丰富多元，一场万众瞩目的盛会，尽显竞技体育的澎湃激情。而赛事的缜密组织中，保险保障与全面风险管理服务是必不可少的一环。作为杭州亚运会指定保险服务商，中国太平洋保险（以下简称“中国太保”）担当了保险服务商和风险管理服务商的双重角色。这是国内首次由保险公司全面负责大型国际综合赛事风险管理职责。

杭州第19届亚运会（以下简称“杭州亚运会”），是党的二十大胜利召开后我国举办的规模最大、水平最高的国际综合性体育赛事，也是继1990年北京亚运会、2010年广州亚运会后我国承办的第三个亚运会。与这场高级别、高规格的大型赛事相匹配的必然是高标准、严要求。

杭州亚运会涉及的竞赛项目多、场馆分布广、时间跨度长，对保险公司的风险管理能力、风险防御能力、赛事服务能力、统筹协调能力提出了更高更严格的要求。同时保险方案设计，需要兼顾可保风险覆盖面和节俭办赛理念的平衡。

中国太保作为杭州亚运会的官方合作伙伴，聚焦保险、风控、科技、绿色、传播等赛会所需和太保所能，创新定制“亚运保”综合保险保障方案，提供总保额超过4000亿元的一揽子风险解决方案。

杭州亚运会，来自亚洲地区的1万余名运动员在40个大项、61个分项、481个小项角逐，为世界奉献一场“中国特色、亚洲风采、精彩纷呈”的体育盛会。亚奥理事会45个成员均报名参赛，很多国家和地区派出史上最大规模的代表团，无论是1.2万余名的运动员报名人数，还是比赛项目数量，均创历届亚运会之最。

为此，中国太保在保险方案的设计过程中，先后对杭州亚运会26个风险主体、16个风险人群、22个保障项目、41个风险类别和352个可保风险逐一访谈排查，形成风险需求矩阵，量身定制了保障充分、产品创新、体系合理、价格实惠、服务优质的一揽子“亚运保”风险解决方案，且有多方面创新。

除了全方位保险服务，中国太保还组建成立了“1+1+2”的风险管理专业团队，协助组委会建立风险管理工作体系，提供了一套覆盖应急预案、应急演练、系统培训、风险监控和赛时运行的风险管理“组合拳”。不仅完成了56个竞赛场馆、31个独立训练场馆，杭州亚运村及5个亚运分村、主媒体中心全部踏勘，而且协助场馆开展突发事件应急模拟演练，为亚运会提供直升机救援等特色服务，助力打造杭州亚运会“水陆空三栖救援”体系。

我国体育保险的起步总体相对较晚，但伴随近年来体育产业快速发展、大型赛事举办、经常参与锻炼人数和体育从业人员不断增加，体育保险的需求上升，保险与体育的融合越来越密切。

国家统计局、国家体育总局2022年底发布的《2021年全国体育产业总规模与增加值数据公告》显示，2021年全国体育产业总规模（总产出）为31 175亿元。这进一步接近了《“十四五”体育发展规划》所提出的“十四五”期间体育产业发展总规模达到5万亿元的目标。

随着体育强国建设任务的部署落实、体育参与度的快速提升及人们保险意识的加强，我国体育保险市场需求将进一步激发，未来体育保险的市场规模将不断扩大。中国体育产业的未来可期，而险企将体育保险推向更广阔舞台，需要进一步以客户为中心，完善产品和服务体系，满足客户多样化需求。近年来，中国太保持续探索体育营销模式，自2018年起便与中国女排开展品牌合作。

作为杭州亚运会和中国女排的官方合作伙伴，中国太保积极推动体育资源有机融合，全力传播亚运文化，创建“体育保险+健康+服务”的新模式，体育体现了阳光、正能量，与保险品牌具有非常好的结合度。

亚运期间，中国太保紧密围绕“绿色、智能、节俭、文明”的亚运会办会理念，通过系列护航亚运行动的实施，进一步彰显服务国家战略的实力、开拓保险新领域的能力、激发品牌健康动能的活力、面向亚洲乃至全球市场的影响力，打造大型国际综合体育赛事保险服务的太保样板。

（资料来源：新华网，2023年9月28日，有修改）

解析

思考

查阅相关资料，思考中国太保与杭州亚运会的合作为我国体育赛事风险管理带来怎样的样板案例？

● 实训项目

项目一

请采用列表法分析体育赛事实施阶段可能发生的风险及控制措施。

项目二

模拟组织一场关于某个体育赛事的风险评估会议。

解析

体育赛事风险类型与识别

项目二　综合体育赛事风险管理预案

一、综合体育赛事风险管理的内涵

根据前文体育赛事风险管理的概念，我们把“综合体育赛事风险管理”界定为采用科学的方法对综合体育赛事过程中可能存在和发生的特定危害事件进行有效的识别、评估和应对的过程。

综合体育赛事风险包括的主要风险因素有赛事组织者的政治风险、文化风险、资本运作风险、基础建设风险、旅游风险、环保风险、自然风险、赛事运营管理风险、法律风险、人员风险等，其中政治风险、文化风险、资本运作风险是综合体育赛事最为关注的热点，综合体育赛事在注重资本运作的同时，更为注重赛事本身对政治和文化的影响力。因此，如何对这些风险因素进行管理就显得尤其重要。

二、综合体育赛事风险管理的方法

综合体育赛事一个完整的风险管理程序为：制订风险管理政策→拟定风险管理计划→组织风险管理→对风险进行登记→实施风险应对计划→风险处理及审查。（图5–3）

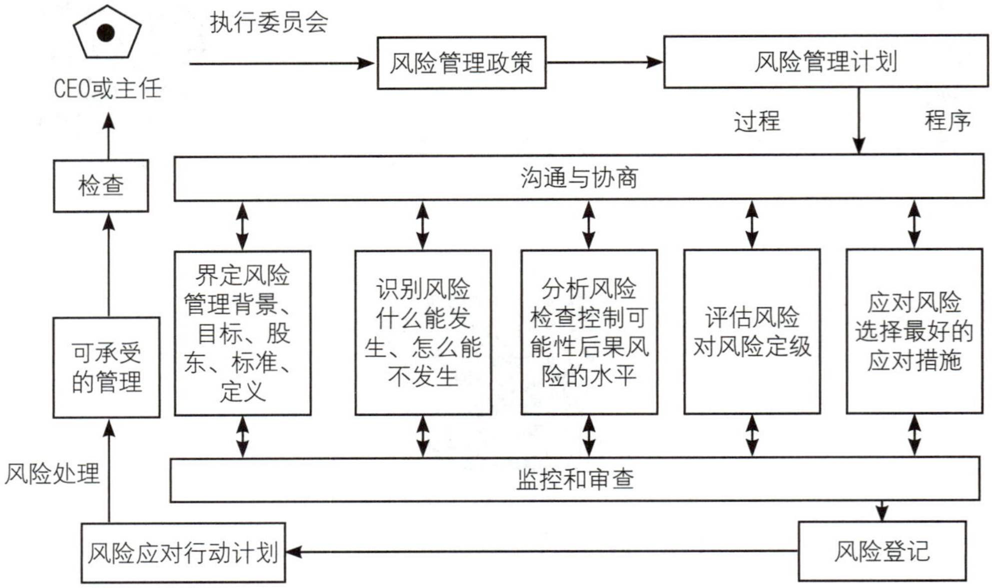

图5–3 综合体育赛事风险管理政策与基本程序框架构成

由图5–3可知，综合体育赛事风险管理过程包括以下五个步骤：

（1）确定背景关系：理解影响风险管理的各个因素，既包括组织内部也包括组织外部。

（2）风险识别：识别组织和员工易发生哪些风险。

（3）风险评估：对风险来源、现有控制、风险产生的可能性和后果等决定风险存在的水平（等级）进行评估。

（4）风险应对：制订一个风险排除或避免计划，去避免、转移风险。

（5）监控和检查：对各类风险以及应对风险的计划、策略、步骤进行监控和检查。

拓展阅读

了解体育赛事志愿者

志愿者是指在不为物质报酬的情况下，基于道义、信念、良知、同情心和责任心，为改进社会而提供服务，贡献个人的时间及精力的人和人群。志愿服务泛指利用自己的时间、自己的技能、自己的资源、自己的善心为邻居、社区、社会提供非营利、非职业化援助的行为。

体育赛事志愿者是在举办体育赛事的过程中，尽其所能、通力合作，以自己的无私参与，完成交给自己的任务，而不接收报酬或其他任何回报的人，是指在体育赛事全过程以自愿为原则，以志愿服务为基本形式，在体育赛事行动项目体系内，服务他人、服务社会、服务体育赛事的各界人士。

体育赛事志愿者服务不是一次简单的参与体验，它涉及多个层面，包括个人成长、团队合作、赛事组织等多个方面。

志愿者服务的优良之处体现在以下几个方面：

（1）动员与参与。通过召开动员会议，志愿者被鼓励全身心投入赛事，明确自己的工作职责，从而提高集体荣誉感和参与热情。

（2）精神传递。志愿者服务遵循自愿原则，通过参与，传递“奉献、友爱、互助、进步”的精神，展示志愿者的风采。

（3）现场协助：志愿者在赛事中协助维持秩序、帮助运动员、保持环境卫生和关注安全问题，以文明礼貌的服务态度为参赛者和观众提供帮助。

（4）体育精神体现。志愿者通过为运动员加油，深刻体会体育精神，即不怕挫败、坚持到底的勇气。

（5）工作细节。志愿者负责防止运动员通道拥堵、带领运动员到比赛地点、准备比赛器械、保持场地整洁等，以确保比赛顺利进行。

◆ 思政园地

亚洲大学生武术锦标赛哈尔滨开赛　系比赛首站落户中国

2024年6月19日，2024年亚洲大学生武术锦标赛在哈尔滨开赛，这是首届亚洲大学生洲际武术比赛，大赛首站落户中国。

此次大赛为期4天，设置了武术套路、武术散打、武术长短兵三大项目80余个小项，有来自亚洲12个国家和地区的近400名运动员、教练员参赛。

来自新加坡的陈子怡在武术套路女子组棍术比赛中收获铜牌。在比赛后，她说：“我从9岁开始习武，已经有11年了。武术在新加坡华人中有广泛的基础，而且有很多武术训练班。这场比赛有些遗憾没能取得冠军，希望在后面的比赛中取得更好的成绩，也通过比赛结识更多不同国家的朋友。”

武术作为一项具有深厚历史和文化底蕴的运动，在亚洲乃至世界范围内都拥有广泛的爱好者和参与者。这次锦标赛的举办，是对武术运动的一次推广和普及，更是为亚洲各国的大学生提供了一个交流和学习的机会，他们可以相互切磋技艺，增进友谊。

此次比赛对推动中华优秀传统武术文化在亚洲各大高校间的普及与交流，促进亚洲各国间经济、文化、体育的发展将产生积极作用，为建设中国—上海合作组织冰雪体育示范区，推动共建“一带一路”，加强亚太国家和地区交流合作，打造“向北开放新高地”提供了助力。

（资料来源：中国新闻网，2024年6月20日，有修改）

◎ 案例简析

南京奥体中心全力做好大型活动服务保障工作

作为江苏省开展文体活动的重要平台，南京奥体中心强化统筹协调，硬件保障和环境提升双向发力，高水平完成了两场大型活动服务保障工作，获得各方好评。

强化协调内外统筹 团队协作齐上阵

两场活动涉及观众3万余人，且均在晚上举行，给交通疏散、现场管理等工作带来了严峻考验。南京奥体中心积极加强内外部统筹，经与主办方沟通协调，最终确定两场活动开演和结束时间错峰进行，实现了活动有序开展；积极配合主办方设计活动中各类人员流线，合理安排场地功能分区，制订活动整体方案。

南京奥体中心内部多次召开大型活动专项协调会，加强部门之间的协作，充分发挥团队合力，圆满保障了活动的场地管理、设施设备、安全管理、卫生保洁等工作。尤其是作为属地管理部门的场馆部，组织员工严格执行活动前中后24小时值班制度，全力保障需求及时响应、突发事件迅速处置。

软硬并举擦亮服务 观演体验大提升

为了给观众营造舒适的观演环境，南京奥体中心开展设施设备专项整改工作，对体育场、体育馆等活动区域的灯具、排气系统等设施设备进行维修整改，仅用两天时间便高效完成设备设施的抢修工作，共计维修更换灯具160组、镜前灯8组、排风扇20组，确保了大型活动期间的正常使用。

环境卫生也是影响观演体验的重要一环，两场活动同时举办，保洁任务压力巨大。南京奥体中心制订了保洁工作流程和方案，清洗完成3万多张看台座椅，并加强活动期间的卫生清查，给观众提供了干净整洁的观演环境。

全方位织密安全网 确保演出零事故

南京奥体中心高度重视大型活动期间的安全保障工作，制订了活动安全保障和应急处置预案，提高应对和处置大型活动安全事件的能力。对有安全隐患的防爆沟、障碍池等场内设施进行了围挡，并加强演出前、中、后全过程设施设备安全巡检，保障观众、车辆在演出散场后安全有序离开。

南京奥体中心本次服务保障工作赢得了主办方的首肯，也赢得了观演群众的认可。随着活动保障任务的圆满落幕，南京奥体中心又开始积极投入下一阶段大型演出活动的服务保障准备工作，以实际行动践行“为民服务”的初心和使命，努力提高服务保障水平，不断丰富群众文体活动，增添幸福底色。

（资料来源：江苏省政府国有资产监督管理委员会网站，2023年3月31日，有修改）

思考

你认为大型体育赛事都存在哪些安全风险？

解析

● 实训项目

请查阅相关资料，制订“某大型体育赛事及群众体育活动突发公共事件应急预案”。

要求：

（1）紧扣主题，中心思想明确。

（2）条理清楚，不能遗漏应急预案的要点。

解析

体育赛事风险管理预案

项目三 单项商业体育赛事风险管理预案

一、单项商业体育赛事风险管理的内涵

根据体育赛事风险管理的概念，我们把“单项商业体育赛事风险管理”界定为“采用科学的方法对单项商业体育赛事过程中可能存在和发生的特定危害事件进行有效的识别、

评估和应对的过程”。

单项商业体育赛事包括的主要风险因素有赛事组织者的资本运作风险、自然风险、政治风险、赛事运营管理风险、法律风险、文化风险、人员风险等，其中资本运作风险是单项商业体育赛事最为关注的风险点，其他因素都会直接或间接地对单项商业体育赛事的资本运作产生一定的影响，且体育赛事的成败也会直接影响投资企业的经济利益。

二、单项商业体育赛事风险管理的方法

1. 制订风险管理计划

制订风险管理计划是风险管理的第一个环节，也是最为重要的一个环节。在制订计划时，赛事组织者首先要分析和确定风险因素，即通过对经营政策、运营程序及以往事故进行调查，并结合与员工、顾客及有关专家的广泛交流来确定赛事所面临的各种风险因素。虽然不同的单项体育赛事组织者所面临的风险不完全相同，但单项体育赛事经营中一般常见的风险因素既有管理方面的，如运动项目的选择、应急计划、员工培训、安全监督、旅行交通、运动员身体状况等，又有场地器材等方面的，如设计、安装、检修、分配、保养等。

当风险因素确定后组织者应将其分类，以有针对性地选择预防和处理不同风险的方法。在对风险进行分类时，应注意以下两个方面的问题：一是决定风险所引起事故的严重程度，以及对赛事组织者所造成影响的大小；二是分析风险发生的可能性和频率，针对严重程度不同和发生频率不同的风险所制订的管理计划是有区别的。

2. 实施风险管理计划

风险管理计划实施的过程就是组织者就风险管理计划同员工交流、沟通的过程。肩负体育赛事管理的每一个人都与风险管理有关，都要为体育赛事承担一定的风险与责任。任何一个风险管理计划也只有在赛事组织者和全体员工的通力合作下才能得以实施并获得成功。因此，赛事组织者除了要将有关场地平面图、设施操作方法、人事组织管理结构、规章制度、员工工作职责、应急措施的操作程序等内容编印成指南性文件发给员工外，还应对全体员工进行脱产或在岗培训，以增强员工的风险意识，帮助他们熟悉各种政策和操作程序。

风险管理计划有效实施的重要保证还有选派或指定有关人员组成风险管理委员会。风险管理委员会的成员一定要有员工代表，要让全体员工有一定的发言权和主人翁感，这样才有利于培养员工安全第一的工作态度并使他们自觉遵守有关规章制度。除此之外，风险管理委员会还应该多听取如保险、场地、设备、医务、法律等各方面专家的意见和建议，并对场地、器材、设施的维护，事故调查，员工培训考核等实行有效监督。

拓展阅读

单项商业体育赛事是指由企业和中介公司组织举办、政府部门协调、媒体产业参与，提供竞赛产品和相关服务产品的体育赛事。单项商业体育赛事是以某个体育运动项目（如篮球、足球、网球、武术、游泳等）作为主要运营产品的体育赛事项目，其经营方式是自主经营、自负盈亏的经营实体通过市场化的运作，为消费者提供体育竞赛产品和相关服务产品，以实现利润最大化为目的而举办的体育赛事活动。例如，各类邀请赛、对抗赛、擂台赛等。单项商业体育赛事特点具体表现为：明星效应突出，商业运作明显，规模、时间、地点等随意性强。它以提高举办组织或企业的社会形象为出发点，以追求经济利益为目的，满足和迎合不同参与体分享经历的需求，产生一定的社会效益和综合效益。

单项商业体育赛事的运作模式主要涉及以下四个方面：①体育赛事的消费者，包括观众、赞助商与广告商、电视转播机构、体育中介组织等；②电视转播权的出售；③体育赛事的赞助方式；④由体育赛事衍生出来的相关产品的生产和营销。

思政园地

“钱潮老兵”服务亚运会 开启通用培训第一课

“我愿意成为一名光荣的杭州亚运会赛会志愿者，我承诺：尽己所能，不计报酬，服务赛事，帮助他人，践行志愿精神，传播先进文化，为成功举办亚运会和亚残运会贡献自己的一份力量！”近日，杭州市退役军人事务局“钱潮老兵”服务杭州亚运会、亚残运会预录用赛会志愿者通用培训第一课开课，160余名预录用志愿者齐声宣誓，表达了履行志愿服务职责的决心。2023年下半年，这批纪律严明、素质过硬的退役军人志愿者将走入亚运场馆，负责比赛场地（FOP）医疗点医疗急救协转工作。

急救技能、应急处置等成为志愿者必修课

“在一场国际会议中，外宾抵达中国后，接待车还没到达，外宾对着志愿者一顿抱怨，此时志愿者应该怎么做？”“我们可以告知外宾，已联系好备用车，陪同他们在等候区等待。”当天，大型赛会志愿服务应急事件应对与自我保护课程由来自杭州科技职业技术学院的刘雯老师讲授。课堂上，结合杭州亚运会可能发生的紧急情况，她为志愿者设置了这样一个情境，同学们则结合课堂知识和生活常识进行了讨论和回答，气氛活跃。

此次通用培训围绕通用礼仪、助残知识、急救技能、应急处置、纪律规范等内容展开，各个领域的专业教师进行了精彩讲授，内容丰富、主线明朗、深入浅出，帮助退役军人志愿者们深入了解志愿服务。

前期，经过资格审查和面试选拔，有近300名退役军人进入这次的通用培训环节。他们中，有在部队立功的转业军人，也有接受过应急救援专业训练的退役大学生士兵。脱下军装后，他们回到地方建功立业，有的继续学业，有的成为基层公务员，有的自主创业，还有的在社区担任安全员。虽然身份变了，但军人“若有战，召必回”的初心本色仍然不改。

面对即将到来的挑战，退役大学生士兵钱宏伟既紧张又期待：“一天的通用培训让我们对亚运会有了更深入的了解。作为沟通的桥梁，志愿者更应该严格要求自己，服务好这次盛会，无愧于‘志愿者’这个光荣称号。”

“志愿者工作是整个亚运会、亚残运会的重要组成部分，责任重大，我会认真学习亚运知识，成为一名优秀的‘钱潮老兵’志愿者。”作为一名退役军人，同时也是一名退役军人事务工作者，周楠表示，“这次培训让我对亚运会及亚残运会赛会概况、志愿者的岗位职责、医疗救护等相关知识有了全面、深入的了解。我将不断学习新知识，掌握新技能，为更好地服务这次盛会做好准备，当好中国故事、杭州韵味的传播使者。”

全市近5万名退役军人活跃在志愿服务一线

“一名合格的志愿者除了需具备参与志愿服务的基本素养，还要了解亚运知识、相关赛事、主办城市文化等方面的综合知识。”杭州市退役军人事务局相关负责人表示，退役军人自身素质和纪律意识都很强，通过此次亚运志愿者通用培训课程，老兵们在提升个人技能水平和综合素质能力、增强自身与亚运服务相关知识储备的同时，也进一步提升了服务亚运的使命感与责任感，“培训结束后，我们将统一安排测试，结合培训出勤率和测试成绩，综合评定参训人员是否合格。”

“钱潮老兵”是杭城退役军人的志愿服务品牌。目前，全市有近5万名退役军人活跃在志愿服务一线，在应急救援等方面发挥重要作用。他们受部队锻炼培养，组织性、纪律性、集体荣誉感强，是一支召之即来、来之能战、战之必胜的铁军队伍。

“我们从2022年上半年开始就逐步展开‘钱潮老兵’服务亚运的相关工作，依托全市四级退役军人服务体系进行组织动员，确保人员招募、面试、培训等工作能够有序进行，选拔出最优秀的退役军人服务亚运。”杭州市退役军人事务局负责志愿者招募的工作人员介绍，全市退役军人事务部门将贯彻落实好省委、省政府“一座城、一条心、一起拼”和市委、市政府“办好一个会、提升一座城”的目标要求，为办一届有史以来最成功的亚运会贡献退役军人力量。

（资料来源：《杭州日报》，2023年4月4日，有修改）

◎ 案例简析

全国足球赛区安全秩序规定（节选）

第一章 总则

第一条 为加强全国足球比赛赛区的管理，维护赛场安全秩序，保障足球比赛安全有序进行，依据公安部最新下发的《中华人民共和国治安管理处罚法》，中国足球协会和公安部治安管理局联合下发的《全国足球联赛体育场设施和安全规范》和中国足球协会的有关规定制定本规定。

第二条 本规定所指的足球比赛赛区是指由中国足球协会主办、地方会员协会承办的全国各级各类成年和青少年男、女足球比赛及各种国际足球比赛的赛区。

全国足球赛区安全秩序规定

第二章 对赛区安全秩序的基本要求

第三条 各赛区委员会成立安全保卫组，在中国足球协会各相关委员会的指导和赛区委员会的领导下，负责赛区安全保卫和维持赛区秩序的工作。切实落实国务院办公厅下发的《关于做好2005年足球比赛有关工作的意见的通知》和《国务院办公厅关于提倡文明赛风维护足球比赛秩序的通知》精神，认真执行公安部和中国足球协会下发的《关于做好全国足球甲级队联赛、中国足协杯赛和女子足球超级联赛的安全保卫工作的通知》和《关于全力做好足球赛场安全防范工作的通知》的规定。

第四条 加强对观众的正面教育和宣传，建立良好的赛区秩序，促进当地的精神文明建设，维护社会安定，规范赛场秩序管理，推进改革开放和我国足球运动的健康发展。

……

第十三条 坚决禁止观众围堵、攻击裁判员、运动员和赛场工作人员及以上人员所乘车辆。

第十四条 坚决禁止观众之间相互攻击的暴力行为。

第三章 违反本规定的处罚

第十六条 对赛区出现下列情况之一者，中国足球协会纪律委员会将予以口头警告处罚：

（一）因验票不严，看台秩序出现局部或小范围的混乱，但未造成更大影响；

（二）因入场检查不严，出现极个别观众向场地投掷饮料瓶等杂物，但尚未明显干扰比赛，也未造成伤害；

（三）极个别观众擅自翻越看台进入赛场，但被及时制止；

（四）极少数观众围堵裁判员、运动员、赛区工作人员及所乘车辆，但被及时制止。

第十七条 对赛区出现下列情况之一者，中国足球协会纪律委员会将予以通报批评：

（一）已被口头警告一次，再次出现应被口头警告的情况；

（二）因验票不严，看台出现较大混乱，但被有效制止；

（三）因入场检查不严，出现少数观众向场内投掷饮料瓶等杂物，明显干扰比赛，但未造成伤害；

（四）少数观众擅自翻越看台强行进入场地，但被及时制止；

（五）少数观众围堵、攻击裁判员、运动员、赛区工作人员及所乘车辆，但被有效制止，且未造成伤害；

（六）少数观众之间发生冲突或互相掷物攻击，但被及时制止。

第十八条 对赛区出现下列情况之一者，中国足球协会纪律委员会将予以警告处罚，并处以1万元以上，5万元以下的罚款：

（一）已被通报批评一次，再次出现应被通报批评的情况；

(二) 观众向场内大量投掷饮料瓶等杂物，严重干扰比赛，但未造成重要伤害；

（三）较多观众擅自翻越看台强行进入赛场，严重干扰比赛，但被有效制止；

（四）较多观众围堵、攻击裁判员、运动员、赛区工作人员及所乘车辆，但被有效制止，且未造成伤害；

（五）观众之间在较大范围发生冲突或相互掷物攻击，但被有效制止，且未造成重要伤害。

第十九条 对赛区出现下列情况之一者，中国足球协会纪律委员会将予以进行无观众比赛、禁止在某体育场（馆）比赛、在中立场地进行比赛等处罚，并处以5万元以上，10万元以下的罚款：

（一）已被警告两次，再次出现应被警告的情况；

（二）观众大规模向场内投掷饮料瓶等杂物，使比赛多次中断或较长时间中断，或造成重要伤害；

（三）大量观众强行进入赛场，使比赛中断且难于继续进行；

（四）大量观众围堵、攻击裁判员、运动员、赛区工作人员及所乘车辆，较长时间未能制止，或造成伤害；

（五）观众之间在较大范围内发生冲突或相互攻击，虽然被制止，但造成重要伤害。

第二十条 对赛区出现下列情况之一者，中国足球协会纪律委员会将予以取消赛区资格的处罚，并处以10万元以上罚款：

（一）曾被处以进行无观众比赛、禁止在某体育场（馆）比赛、在中立场地进行比赛等处罚者，再次出现应被做出这种处罚的事件；

（二）大规模围攻裁判员、运动员、赛区工作人员及所乘车辆的暴力事件，或造成严重伤害；

（三）观众之间出现较大规模的暴力事件，或造成严重伤害；

（四）体育场建筑不安全、疏散不畅、消防不力等，引发严重事故，或造成严重伤害。

第二十一条 未被列入的其他扰乱或破坏赛区秩序和安全的行为或事件，将参照上述条款予以处罚。

……

思考

请阅读以上资料并陈述你认为的应对赛场秩序的更好的办法。

解析

实训项目

项目一

假如你是某个游泳俱乐部风险管理中心的主任，你需要根据俱乐部的具体情况制订一套风险管理计划，以应对游泳俱乐部风险的发生，从而为俱乐部有效降低损失。这个计划该如何制订？

解析

项目二

假如委派你作为保险公司的业务代表与某个游泳场管理者就举办一场全省的游泳比赛拟定和签署一份竞赛期保险合同，你该如何拟定该合同的内容？请仿照保险合同的样本进行拟定。

模块六　体育赛事财务管理

教学提示

1. 体育赛事财务管理的内容；
2. 体育赛事财务风险种类；
3. 体育赛事成本预算；
4. 体育赛事筹资方式；
5. 体育赛事财务控制的方法。

模块概要

体育赛事作为一场集软硬件设施、人员管理、项目组织、文化娱乐等要素于一身的大型活动，其财务管理不仅关乎着体育赛事本身的成功和经济效益，更关乎着整个体育产业链的发展和规范，是体育赛事运营的重要组成部分。

体育赛事的财务管理，从赛事的启动阶段开始，以可行性研究为出发点，与体育赛事的整个过程同步进行。体育赛事财务活动内容包括筹资活动和资金回收活动，具体内容有财务目标、财务预算、财务风险控制、筹资、费用控制等。

对于体育赛事财务管理活动而言，无论是在赛事举办前、举办中还是在举办后，赛事都会面临诸多风险，赛事举办前有筹资风险，赛事举办中有投资风险，赛事举办后有资金运营风险、收益分配风险等。可以这样讲，风险管理贯穿于整个体育赛事财务管理过程。因此，体育赛事组织者应该明确态度，主动迎接风险，并做好风险防范工作，以规避风险，减少风险带来的损失；另一方面，也需要认识到风险带来的机会和价值，风险意味着机会，没有风险就可能失去得到超额的风险报酬的机会，赛事财务也因此失去了价值增值最大化的理财意义。因此，体育赛事组织者只有科学合理地认识、控制和处理体育赛事财务风险，尽量防止和减少资金损失，减轻或消除财务风险的负面影响，以最低成本获取体育赛事的安全保障，才能实现财务状况最优化和利润最大化的目标。

项目一　体育赛事的财务风险

体育赛事风险主要包括人员风险、财务风险、场地器材风险、时间风险、信息风险五大类。其中，财务风险是指体育赛事财务活动中与货币有关的或者能以货币计量的各种活动中存在的风险，包括筹资活动以及资金回收活动，据此，体育赛事财务风险相应地表现为：筹资风险、资金回收风险、外汇风险。大型体育赛事财务风险种类如图6-1所示。

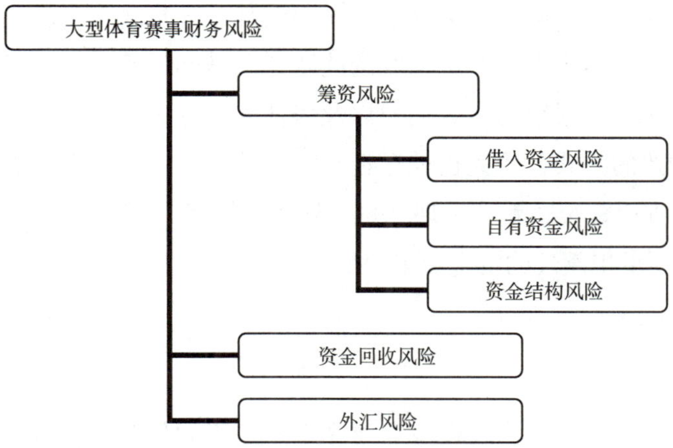

图6-1　大型体育赛事财务风险种类

一、筹资风险

筹资风险是指筹资活动未来实际出现的结果与原先预期的结果可能出现偏离，最终使赛事组委会不能按其与资金供应者所签订的合同等契约中约定的条款来实现预期收入。

按照筹资的来源和资金结构的不同，可以将体育赛事筹资风险分为借入资金风险、自有资金风险、资金结构风险三类，如表6-1所示。

表6-1　体育赛事筹资风险种类

种类	具体内容
借入资金风险	借入资金主要指赛事组委会通过向金融机构借贷而筹集的资金。如果赛事组委会在筹得资金后，未达到既定目标，而无法按约偿付本息，则有可能被迫承担更高的经济和社会代价，如向银行支付罚息、低价拍卖抵押资产、商业信誉度下降、再次筹得资金的难度加大等
自有资金风险	自有资金主要指赛事组委会自身所拥有的资金。对于自有资金，虽然没有还本付息的问题，但风险依然存在，主要表现为资金使用收益的不确定性，无法满足各个权益相关者期望的投资回报
资金结构风险	资金结构主要指借入资金与自有资金的比例。一方面，自有资金比例过低，会影响借入资金的偿还，而加大借入资金筹资风险。另一方面，由于借入资金费用不因经营成果的变化而变化，且已经在税前列支，具有所得税抵减效应，加剧了所有者权益变化的不确定性。因此，筹资结构不同，筹资风险也不同

二、资金回收风险

资金回收风险是指在体育赛事这一劳务产品向货币转化的过程中，当结算资金转化为货币资金时，因为转化时间和金额的不确定性所导致的风险。体育赛事面对的客户主要有两个：一是终端个体消费者也就是现场观众，因为这部分客户大多是现金交易，收益直接体现为货币资金，也就基本不涉及资金回收的问题；二是购买赞助权、广告权和特许标志使用权的企业商家，还有各层级门票分销商以及媒体。在这一部分的资金运转过程中，可能采取赊销和分期付款的方式，因此也就存在一个结算资金向货币资金转化的问题。假如结算资金不能转换成货币资金，就会出现坏账、呆账、烂账，即便到账，如果不及时的话，赛事承办者也将不得不承担额外的资金成本，如贷款利息。

三、外汇风险

外汇风险是指在会计核算中，因业务需要在本币与不同外币之间进行核算，从而导致的汇率风险。体育赛事不断走向国际化，一些体育赛事不可避免地会与国外运动员、国外观众、国外赞助商、国外供应商和国外媒体发生各种结算业务。如果收益交易发生日汇率或支出交易发生日汇率与会计处理日汇率差异较大，可能会导致支出增加的风险。例如，受亚洲金融危机的影响，日元升值，1998年长野冬奥会赛事承办者损失了预算的30%就是发生外汇风险的一个典型案例。

拓展阅读

财务活动是一种盈利活动，但是又具有不同于其他盈利活动的特点。任何一种管理活动，包括生产管理、安全管理、质量管理等，其管理决策都会产生一定的风险。不同的是，以上管理活动的注意力主要集中在具体的物质要素上，而不是集中在风险本身上。因此，这些风险会被物质要素所掩盖，这样通过管理物质要素来管理风险的管理活动，不能称之为纯粹的风险管理。财务活动是赛事组织方谋取利益的手段，其他的物质活动只是实现这一目标的依托。

体育赛事的风险是指体育赛事整个过程中所面临的各种不确定性。不确定性是客观存在的，不以人的意志为转移。不确定性风险包括很多因素，如供应商或赞助商因各种原因使协议未能兑现等，还有诸如运动员受伤、球迷骚乱事件、体育器械损坏、火灾或其他自然灾害等因素。

任何活动都有风险，风险发生后如何进行事后的风险转移与承担就是赛事组织者必须解决的问题。体育赛事的财务风险不可避免，赛事组织方需要找到应对财务风险的方法。具体而言，在一个体育赛事的举办过程中，赛事组织者需要做到以下几点：树立风险观念，强化风险意识；建立、健全财务风险管理机制；提高财务决策水平；建立短期财务预警系统；强化财务审计监督力度等。

体育活动与其他行业不同，具有其特殊性，因为其向社会提供的主要产品是体育竞赛、体育表演等相关服务，这些都是无形产品，生产过程与销售过程同步进行，生产的过程也是提供服务的过程。体育赛事的风险会直接影响到服务的质量、水平和顾客的满意度等方面。

大型的体育赛事活动，一般会聘请专业的保险经纪公司作为风险管理顾问，委托其对整个赛事进行全面的风险分析、识别和评估，并提出对应的风险处理建议。例如，风险规避、风险转移、风险降低、风险自留等措施。在举办体育赛事前进行充分的风险识别和风险评估、加强风险管理，可以有效避免或减少损失。因此，增强体育赛事组织者的风险防范意识，加强体育赛事的风险管理机制越来越重要。

◆ 思政园地

“尤伯罗斯模式”，给当下商业带来了什么启示?

1896年，奥运圣火从历史名城雅典升起，点燃了人们对运动、竞技的热忱。此后，每四年一次，全人类的顶尖运动健儿齐聚一堂，角逐人类体能的极限，展现人类极致的浪漫。

然而，举办奥运会的巨大投入曾使其成为全球各国避之不及的“烫手山芋”。

但是，有那么一个人，把本来“板上钉钉”巨亏的奥运会，硬生生地扭亏为盈，甚至在奥运会身上盈利两个多亿！

他就是以一己之力成功举办1984年洛杉矶奥运会的彼得·尤伯罗斯。

尤伯罗斯曾经有过创建和管理大型企业的经验，在他看来，1984年洛杉矶奥运会是“另一个具有发展潜力的公司”。而这样的想法恰恰是他几乎能单独筹办洛杉矶奥运会的最根本原因。

在这条路上，尤伯罗斯运用了“拉赞助”“电视转播权投标”“售卖火炬传递权”“门票”“节流”等多个手段，其中“拉赞助”和“电视转播权投标”作为核心组成部分，成为奥运会至今仍在使用的主要掘金手段。

尤伯罗斯对奥运会的贡献，绝对可以载入奥运史，他发掘了奥运会社会价值背后的核心商业价值。他通过聚焦资源，对以往众多的赞助商进行“断舍离”，留下了最有价值的赞助商，并为这些最有价值的“客户”提供了更好的广告服务；他运用“稀缺”，对以往唾手可得的奥运会关联产品制造了“贵而稀缺”的形象，激发了商家竞争，比以往采用的“薄利多销”的“大众路线”获利更丰；他善用“平台”，把以往奥运会单纯的体育竞赛，变成商业化竞争的平台。至今他所创造的“以奥运养奥运”理念，还在被人借鉴，被各个奥运会举办国家争相效仿，被后世称为“尤伯罗斯模式”。

总的来说，无论是奥运会的举办，还是在其他类似商业领域，“尤伯罗斯模式”为品牌运营提供了可参考的模板，对于国内处于转型期的企业也有借鉴意义。他的很多做法，在今天仍然值得去进行深层思考与探究。

（资料来源：浪潮财经，有修改）

◎ 案例简析

全国首期山地户外运动赛事组织管理培训班成功举办

2024年4月23日至26日，由中国登山协会主办的“2024全国首期山地户外运动赛事组织管理培训班”在北京怀柔国家登山训练基地成功举办，来自全国各省、自治区、直辖市体育行政部门、赛事运营公司、体育协会以及相关方面的60名学员参加了培训。

体育赛事活动是体育事业发展的重要载体。为落实国家体育总局《体育赛事活动管理办法》要求，进一步“服务、引导、规范”国内山地户外运动发展，提高山地户外运动赛事竞赛组织管理水平和运营管理能力，提升办赛水平，中国登山协会精心筹备并成功举办了本次培训班。

培训内容包括：山地户外运动概论、山地户外运动赛事发展历程、户外运动安全理念、赛事组织与管理政策解读、赛事后勤保障、赛事风险管理（含安全监督）、赛事医疗与救援、赛事传播、如何商业化一项户外赛事等。

近年来，我国体育赛事活动蓬勃发展，以马拉松为代表的一大批体育项目积极开拓市场，吸引和带动广大人民群众特别是青少年广泛参与，产生了良好的经济效益和社会效益。但与此同时，随着体育事业的快速发展，目前国内山地越野跑赛事普遍存在如下问题和潜在风险：盲目追求大规模、长距离、高难度，运营公司及执行团队专业水平参差不齐，赛事操作执行不规范，以及商业化带来的不利影响等。

2021年10月，为做好山地户外运动赛事活动管理，促进山地户外运动健康发展，中国登山协会先后公布了山地越野赛、山地户外多项赛、登山赛等一系列赛事的办赛指南和参赛指引。

2023年1月，为贯彻实施新修订的《中华人民共和国体育法》（以下简称《体育法》），推动高危险性体育赛事活动许可制度落地生效，进一步提升高危险性体育赛事活动的管理水平，保障体育赛事活动参与者的人身安全，促进体育健康发展，国家体育总局联合工业和信息化部、公安部、人力资源社会保障部、国家卫生健康委、应急管理部、市场监管总局制订并发布了《高危险性体育赛事活动目录（第一批）》（以下简称《目录》），体育总局印发了《关于做好高危险性体育赛事活动管理工作的通知》。

《目录》将潜水赛事活动、航空运动相关赛事活动、登山相关赛事活动、攀岩相关赛事活动、滑雪登山赛事活动、汽车摩托车相关赛事活动等6大类18个小项的赛事活动列入第一批高危险性体育赛事活动，并对纳入《目录》的高危险性体育赛事活动名称以及条件进行了明确规定。

中国登山协会户外运动部副主任表示，此前，中国登山协会举办的山地户外运动相关培训主要是裁判、技能方面的培训，培养了一大批山地户外运动技术人才，推动了山地户外运动快速发展。2021年以来，以新修订的《体育法》为核心，国家体育总局发布了《体育赛事活动管理办法》《高危险性体育赛事活动目录（第一批）》等一系列相关文件，各省、自治区、直辖市体育行政部门、赛事运营公司、体育协会以及相关方面的人员亟须学习、掌握、运用，山地户外运动赛事组织管理培训班应运而生。

本次培训讲义在山地户外运动裁判员培训班的基础上进行了扩充和延伸，增加了竞赛组织、后勤保障、政策解读等方面的内容，并将医疗、救援等安全方面的内容独立出来进行重点学习。

接下来，在成功举办首期培训班的基础上，将进一步细化各方面的内容，面向体育行政部门和赛事运营公司推出更具针对性的山地户外运动赛事组织管理培训，做到平安办赛、安全参赛、科学管赛。

（资料来源：登山运动管理中心，2024年5月6日，有修改）

解析

思考

结合本节所学知识，谈一谈你认为怎样才能规避体育赛事风险，并通过赛事盈利？

实训项目

1984年洛杉矶奥运会是一次“能赚会花”的奥运会。

能赚，是因为它第一次由民间承办，并且取得了巨额盈利；会花，是因为它将盈利善加管理，20多年来为南加州大众体育投入了1.6亿美元后，居然又“增值”了1亿多美元。

当初获得奥运会主办权时，洛杉矶并不被人看好。因为1972年慕尼黑奥运会发生了恐怖袭击事件，1976年蒙特利尔奥运会欠下天文数字般的债务，以致没有任何城市愿和洛杉矶争夺1984年奥运会的主办权。

在商人彼得·尤伯罗斯的领导下，洛杉矶奥组委大胆地将商业模式与体育文化结合起来。结果140多个国家和地区参加了奥运会，而且1984年洛杉矶奥运会首次扭转了奥运会的亏损，实现历史性的盈利——2.3亿美元。1984年洛杉矶奥运会还彻底贯彻了大众参与的奥运精神。以奥运火炬传递为例，火炬传递跨越了33个州，历经1.5万公里。尽管成为火炬手需交纳3000美元的费用，但3000多位美国民众踊跃参与，其中许多是普通工人。

1984年洛杉矶奥运会为南加州地区创造了巨大的经济和社会效益，尤其值得称道的是它对南加州地区体育事业的推动作用。根据和南加州各地方政府的约定，洛杉矶奥组委用40%的盈余（约9300万美元）成立了一个名叫“洛杉矶业余体育基金会”的组织（现名LA84基金会），20多年来为南加州地区的青年业余体育运动投入了1.6亿美元，涉及1000多个体育组织、200万青少年。尽管如此，基金会通过合理管理和投资，目前还有1亿多美元的盈余。

除了奖励青少年体育组织、开展青少年体育活动、培训体育教师等，LA84基金会还成立了全美设施最发达的体育图书馆，现拥有30万页奥运会文件、9万张奥运相关照片和4.5万个数字文件，对大众免费开放。

基金会资助项目副主任帕特里克·埃斯科巴说，1984年洛杉矶奥运会的成功不仅在于赚了多少钱，而且在于对本地区群众体育和奥运精神的推广，这才是奥运会的真正遗产。

查阅相关文献，谈一谈“尤伯罗斯模式”的成功原因有哪些？

解析

体育赛事的财务构成

项目二　体育赛事的资金筹集

完善、健全的融资机制是决定体育赛事成功举办的关键因素，只有便捷、迅速地获得资金的支持和保障，才能使赛事组织者充分调配各方资源。所以，为体育赛事筹资就成为赛事组织者首先要考虑的一个问题，也是赛事举办的出发点。

体育赛事融资是指赛事组织者采取多种方式以成功举办体育赛事的筹资行为。有关研究指出，对于一般的体育赛事而言，利用广告赞助经营筹资的赛事组织者占90%左右，利用门票经营筹资的占一半，接受政府资助的占三分之一，利用特许经营权经营和电视转播权经营的占六分之一。由此可见，当前赛事组织者主要采取的筹资方式依次是：广告赞助、门票经营、政府资助，以及利用特许经营权经营和电视转播权经营。其中，广告赞助是大部分赛事组织者主要采取的筹资途径。另外，不同的运动项目各有特点，再加上市场基础不同，就会出现良莠不齐的发展现状。

目前，我国的国内电视转播市场基本处于垄断状态，对于绝大部分赛事而言并没有电视转播权的收入。同时，赛事特许经营权的开发也未能得到有效运用，很多赛事组织者仍然依靠政府资助举办体育赛事，很难利用金融机构贷款。赛事组织者积极探索新的赛事融资方式，如开始采用股份制形式或者寻求体育基金资助为赛事融资。

拓展阅读

一般来讲，举办大型体育赛事的成本费用包括直接成本与间接成本两个部分。其中直接成本费用主要是由于举办赛事而引发的各种与比赛直接相关的费用。例如，宣传推广费用、行政办公费用、体育设施建设费用等。赛事组织方主要考虑的应该是控制这些成本。要想大幅度降低赛事期间的运营成本，有效的举措之一就是为大会招募志愿者，这些志愿者为大会义务工作。工作人员的工资是体育赛事资源的主要开销，公益性的志愿者的招募就能解决这个问题，还可以增强体育赛事的社会参与程度。间接成本是指由于比赛的举办而在举办地引发的其他非直接性相关费用。例如，基础市政设施的投入、社会各行业为适应赛事对于人员的培训费用、环境整治费用等。

思政园地

体育助力稳经济促消费激活力

2022年7月，国家体育总局发布《关于体育助力稳经济促消费激活力的工作方案》(以下简称《工作方案》)，从加大助企纾困力度和加大体育产品供给两个维度提出落实纾困政策、减免相关费用、加快资金执行、优化政府采购、降低融资成本、加大示范支持、加大赛事供给、丰富健身活动、吸引群众参与、推动场馆开放、优化体育彩票品种结构、加快投资建设、深化融合发展、促进体育消费、带动体育就业等15条共42项具体举措。

《工作方案》一方面坚持“救帮扶”结合原则，推出6条16项可操作、能落地、重实效的助企纾困措施，通过减免房租会费、提前下达采购订单、加快预算及合同执行等真招实招直接减轻企业压力；另一方面，做足“扩需”文章，9条26项政策措施中既包括举办“体总杯”全国三大球城市联赛、中国青少年足球联赛、全民健身线上运动会、全国社区运动会等丰富赛事供给的措施，又包含认定体育旅游示范基地、鼓励发放体育消费券、创新体育消费业态等促消费内容，同时提出体育场馆开放、启动社区运动健康中心试点、规范青少年体育培训市场等保障措施，更进一步强调了“训练场就是直播间”“把更多赛事呈现到人民群众面前”等新理念。

作为《工作方案》的第一项措施，为推动政策直达，让体育企业应知尽知、应享尽享，“体育领域助企纾困政策专栏”同步上线。专栏按政策发布机关分类，全面梳理了国务院、国务院相关部门、省区市政府及相关部门、体育部门四大部分共398项政策文件，并将持续更新和优化功能。

（资料来源：《人民日报》，2022年7月8日，有修改）

◎ 案例简析

1984年洛杉矶奥运会成功将体育赛事引入商业化运作的新时代，赛事与赛事经济开始息息相关。成功举办体育赛事不仅可以使举办地在很大范围内获得一定的社会效益，同时还能够为其带来非常巨大的经济效益。体育赛事要想成功举办，其中的关键问题是赛事资金的筹集工作。怎样开辟多种资金来源，采用多种融资手段为体育赛事融资，已成为举办体育赛事必须考虑的重要课题。

体育赛事的主要融资工作主要包含以下两个部分：

1. 政府财政拨款

各国举办大型运动会的一个重要资金来源一直是其政府财政拨款，我国也是如此。从1996年开始，我国对三类综合性运动会予以财政补贴，补贴金额相对固定，即全运会补助8000万元，全国城市运动会补助3500万元，全国冬季运动会补助2000万元。但是，根据现实情况来看，各国目前都普遍存在体育资金需求快速增长与国家投入不足的矛盾，政府财政拨款在赛事所需资金中所占比重越来越小。2008年北京奥运会组织委员会（以下简称“北京奥组委”）曾经公开表明，举办2008年北京奥运会所需的资金中，政府财政拨款将是比重很小的一部分，剩下的大部分所需资金必须运用市场机制来解决。例如，北京奥组委正式发布的《北京奥运行动规划》对北京奥运场馆建设和投融资工作都做出了明确的说明，提出了“政府主导、市场化运作”的原则。奥运场馆建设所需的资金中，北京奥组委仅出资用于临时场馆建设和部分场馆的改扩建，其余大部分资金的筹措遵循市场化原则进行。由上所知，以往由政府投资、主管部门经营管理、财政补贴亏损的旧模式已经被打破，未来的体育赛事融资模式将是以市场化为主的新的投融资体制。

2. 商业银行贷款

大型体育赛事的举办将为商业银行带来巨大的信贷需求，包括与体育赛事相关的城市市政等基础设施建设配套的贷款、房地产项目开发贷款、消费贷款、旅游开发贷款、体育产业贷款等。这些贷款对于商业银行来讲是很好的业务契机，但是，其中有一个不能回避的问题就是体育赛事贷款项目大部分具有较长的期限，且前期投入较大、投资回收的速度较慢、周期较长（一般需要10到30年）。对于商业银行来讲，如果只是盲目扩大放贷，就可能造成长期投资金额过大，进而影响银行正常的投资结构，也就间接加大了银行的运营风险。所以，从企业的角度来看，举债经营对企业的运作能力和战略管理能力都是严峻的考验，以体育为主业的公司要想顺利取得高质量的贷款，就需要在自身的管理手段和企业制度的健全上下功夫，提高赛事运营质量，降低赛事运营风险，扩大赛事品牌影响力，从而为将来筹集赛事资金奠定良好的商业信誉。

解析

思考

根据上述讲解，查阅相关资料，阐述赛事组委会的主要收入来源有哪些。

实训项目

解析

资金是体育赛事财务管理中与成本相对应的一个根本性的元素，是赛事得以顺利举行的最为直接的支持条件。因此，努力通过各种途径去募集并高效地管理这些资金对赛事组织运营主体来说是至关重要的。现代体育赛事的规模越来越大，耗资也越来越多，在体育赛事举办日益市场化的背景下，赛事的公共资金投入逐渐减少。因此，通过多种渠道筹措资金对赛事组织者来说是一个非常重要的经营策略，对体育赛事的成功举办与可持续发展有着十分重要的意义。

请结合前文所学，整理出赛事筹资常用的渠道和方式。

项目三 体育赛事的财务控制

对体育赛事尤其是商业性体育赛事而言，体育赛事财务控制主要包括体育赛事资源计划、赛事费用估算、预算费用和控制费用计划、赛事评估等方面的内容。

首先，体育赛事资源指一切具有无形资产和潜在价值的具有实物和非实物形态的事物，根据不同角度可以分为自然和人造的资源、无形和有形的资源，如人力资源、资金资源和信息资源等。体育赛事具有不可重复性和一次性的特点，在赛事举办期间，高效和合理地利用这些资源是体育赛事顺利举办的重要保障，其中任何一项资源短缺、积压还有滞留，都可能给体育赛事的举办带来直接或间接的损失。综上，体育赛事资源计划的编排与赛事的成本及估算息息相关，是赛事成本预算的关键，不仅要确定和保障体育赛事所需要的物质资源的需求，还要制订一份科学合理的资源计划，包括工作分解结构、同类赛事历史信息、运动项目说明、组织方针等。体育赛事资源计划的最终成果就是一份资源需求说明书，重点列出举办该体育赛事需要的各种资源的种类和数量。

其次，赛事费用估算也是体育赛事财务控制与评价的一项重要内容。体育赛事的费用估算是一种近似估算，主要运用参数模型法和计算机工具对体育赛事进行自上而下的估算，而其结果包括费用估算、详细资料和费用管理计划等，是对体育赛事各类活动所需资源的资金需要的数据化呈现。一场体育赛事运营报价的一个重要依据就是费用估算，费用估算也是赛事组织者必须要考虑到的一个因素，因此在进行估算时，赛事组织者不仅要关注与体育赛事直接相关的费用，还需要考虑一些“隐性”费用，如赛事的申办费用，运动队和队员的出场费，场馆、器材的租赁费用，志愿者等工作人员的通信费、差旅费、食宿费、交通费等，除此之外还要考虑货币的兑换率以及通货膨胀等因素。

再次，预算费用和控制费用是确保体育赛事顺利举办的重要保障，因此制订科学合理的经费预算计划是赛事组织者必须掌握的重要技能。如何提高经费的使用效率以保证足够的体育赛事经费是赛事组织者必须关注的问题，赛事经费预算的制订原则是科学制订、全面审核、跟踪监督。

最后，赛事评估能优化体育赛事组织运营的效率，提升品牌知名度，改善品牌形象，增强赛事众多赞助商和合作伙伴的信任和满意度。此外，赛事评估还能促进相关企业的产品销售和市场份额的增长，为其提供优化营销策略和预算分配的重要参考。赛事评估的指标主要包括媒体曝光度、观众参与度、社交媒体互动情况、品牌美誉度等。赛事评估的方法是对相关数据进行收集、分析，之后建构评估方法体系和模型，以反馈结果改进赛事。

拓展阅读

在我国，大型体育赛事举办城市的政府对体育赛事的举办非常重视，这种重视已经将体育赛事上升到了影响城市发展的方方面面的层次。2004年4月19日，广州获得了第16届亚运会的举办权。此前，广州市为了获得亚运会的举办权，不断提高城市在各方面的接待能力和办赛标准，政府在政策、土地、人员、财政、安保、餐饮、住宿和交通等多方面负担相应的费用，而有些方面的支出是不被记入举办体育赛事的支出的。其中，城市基础设施的改造和环保工程的实施，提升了城市的综合实力，既满足了亚运会赛时的需要，也为广州市今后的城市发展起到了助力作用。筹备亚运会的短时间内所花费的资金十分巨大，据广州市统计局综合预测，筹备亚运会平均每年拉动广州GDP增长0.56个百分点。

然而，对大型赛事的效益进行评估是一项复杂的工程，举办大型综合性比赛对场馆、资金、人力资源的投入要求较高，而单项赛事需要投入的资金少、动用的社会力量小。不管怎样，申办体育赛事只有一切从城市的实际出发，才能取得成功。城市与赛事的契合度是影响体育赛事风险的重要因素。风险评估有定性评估和定量评估之分。有的风险可以进行量化，而有的风险则难以量化。以2008北京奥运会为例，可以初步量化的是市场风险中的汇率风险，其余的应采取定性评估的方法进行分析。赛事财务风险种类如下表所示。

赛事财务风险种类

直接财务风险	间接财务风险
市场营销	财产风险的评估：财产风险是指用于体育比赛的场馆、设施和器材等遭受损毁的风险
利率与汇率	人身风险的评估：赛事所涉及的人身风险主要是人身意外伤害风险，是指赛事各方人员，如运动员、裁判员、观众及其他人员因意外事件而遭受身体损伤的风险
门票销售	责任风险的评估：责任风险是指由于违反责任而对受害方进行赔偿的风险
场馆调整及赛后利用	赛事取消、推迟和中断风险
其他隐形支出	其他

由上可知，体育赛事的顺利举办需要体育赛事组织者采用科学合理的避险策略。具体的财务风险方法如下表所示。

赛事财务风险控制方法

方法	概念及适用范围
现场观察法	通过直接观察体育赛事的组织管理和具体业务活动，了解和掌握赛事面临的各种财务风险
财务报表法	通过分析资产负债表、损益表和现金流量表等报表，确定体育赛事的潜在损失及其成因。这种方法比较直观、客观和准确
询问法	向体育赛事组织者或财务主管提出一系列财务风险咨询问题，促使其认识风险，主动收集和分析赛事信息，制订系统财务风险管理对策和计划
业务流程法	以业务流程图的方式，反映资金流转的作业流程图，据此确定每一环节预防和处置财务风险的重点
头脑风暴法	将赛事的各个项目部负责人、外聘风险管理专家、赛事活动的干系人（赞助商、媒体等）、部分员工等组成小组，根据经验列出赛事所有可能出现的风险，全面了解财务风险发生情况，以发现被遗漏或忽视的财务风险，提高各部门在风险管理中的协同能力
案例分析法	在预测未来可能的财务风险的基础上，从过去相同或相似的体育赛事财务风险管理实践中寻找相似的案例和经验，吸取有关教训，以此作为制订对策的主要依据
咨询法	以一定代价委托咨询公司或保险代理人进行财务风险调查和识别，并提出财务风险管理方案，供经营者决策参考

上述方法各有优缺点，体育赛事组织者必须依据赛事运作特点、环境变化和经营需要，对其作出适当的选择和组合。

◆ 思政园地

办好赛事，为城市发展添活力

2023年8月27日，第九届世界传统武术锦标赛在四川省峨眉山市落幕。在为期3天的比赛中，6000多名武术运动员、教练员以武会友，挥洒激情。这是峨眉山市继2017年、2019年成功举办第七、第八届世界传统武术锦标赛后，再次举办的大型国际武术赛事。

近年来，峨眉山市通过举办世界传统武术锦标赛、世界女子九球锦标赛等，推动文旅体融合发展，不断提升城市知名度、影响力，尝到了办好赛事的“甜头”。

办好赛事，可以展现城市良好形象。赛事不仅是运动员拼搏奋进、追求梦想的舞台，也是赛事举办地展示城市形象和市民素质、打造城市名片的平台。

办好赛事，可以带动城市经济建设。办赛城市通过赛事“引流”，挖掘当地文化、生态资源，可以有效推动体育运动与休闲旅游等有机结合，为城市经济发展注入体育动力。

办好赛事，可以促进全民健身发展。举办赛事，可以不断激发当地群众参与运动的热情，让更多人享受运动乐趣，也为城市进一步完善体育设施、发展全民健身、培植体育文化氛围提供了契机。

目前，很多城市积极举办各种体育赛事活动，在“体育赛事搭台，城市发展唱戏”方面做出了不少探索。赛事的筹备、举办，无论是在加快场馆建设、促进全民健身方面，还是在提升城市品质、培育文明素养、改善交通状况、促进消费、丰富精神文化生活等方面，都会对办赛城市的发展起到积极的推动作用。

国家发展改革委近日出台的《关于恢复和扩大消费的措施》提出，鼓励举办各类体育赛事活动。期待更多城市通过办好体育赛事，做好“体育+”文章，深入推进体育与文化、旅游等产业融合发展，为城市高质量发展注入新活力。

（资料来源：《人民日报》，2023年8月29日，有修改）

◎ 案例简析

第十四届全运会投资了多少钱?

截至2024年，我国已经举办了14届全运会，至于全运会是亏本还是盈利的，从来没有一个官方的统计数据，所以到底每一届全运会盈利情况怎么样，我们是无从考究的。不过从历届全运会的投入来看，每个地方投入的资金肯定不少。

作为国内最有影响力的体育盛事，也是规模最大的国内体育大赛，全运会本身对举办城市的要求非常高。一般来说全运会对承办城市有六大要求，分别是经济实力突出，安保工作扎实，场馆数量达标，城市基建完善，竞技体育和群众体育基础好，承办体育大赛经验丰富。

正因为全运会对承办城市要求非常高，所以并非每个城市都可以申办。实际上自1959年全运会诞生以来，真正举办的城市并不多，在1983年之前，全运会一直固定在北京举办。1983至2001年，全运会也一直由北京、上海和广东三个地方轮流举办。后来随着全国各地经济实力的不断发展，体育基础设施不断完善，2001年后，我国才正式打破了全运会在北京、上海、广东轮流举办的传统做法。此后全运会先后在江苏省（2005年），山东省（2009年）、辽宁省（2013年）、天津市（2017年）、陕西省（2021年）举行。

资料显示，2005年江苏省办全运会的总投入达到1600亿元，2009年山东省办全运会的总投入2000亿元，2013年辽宁省全运会的总投入尚未公布，但即便赛事运营方面的费用大大降低，举办地市政建设的投入依然不可低估。参考前几次全运会的投入，第十四届全运会投入的资金并不会少。

陕西省很多场馆都是新建的，如果把城市基础设施建设考虑在内，投入的资金就非常多。例如，承办全运会的主场馆，西安奥体中心就投资了260亿，其他比赛场馆投资金额也达到202亿，相当于单是新建比赛场馆的投入金额就达到500亿。与此同时，为了配合全运会的举行，当地还对配套设施、交通、城建等进行了升级。至于这些配套设施陕西省投入多少资金，没有一个具体的统计数据，但是参考前几届全运会的投入来看，肯定不是小数目。在这些资金投入当中，有一部分资金由全国体育彩票基金拨付，但绝大部分都由当地政府财政承担。

与庞大的开支相比，目前全运会的商业化开发程度并不是很高，全运会能够带来的收入也并不是很高。从实际情况来看，全运会的收入来源无非包括以下几个方面：

（1）赞助收入。在全运会举行期间，会有很多观众入场观看，各大电视台也会转播，所以很多企业也会积极赞助。从第十四届全运会的相关数据来看，赞助收入只有15.5亿元左右，这跟奥运会赞助费动不动就是几十亿美元是有很大差距的。

（2）转播收入。第十四届全运会的电视转播收入是多少，官方并没有公布具体的数据，但达到几亿元应该是不成问题的。

（3）门票收入。全运会是我国国内最大的体育盛事，但对应的门票收入却并不高，如第十一届全运会门票收入就只有1200万元。

（4）特许经营。全运会有一些吉祥物，也有一些有标志性的特征和文化符号，这些都可以转让给企业特许经营，这部分也是收入来源，如果做得好，收入并不会太低。

（5）后期的场馆运营收入。在全运会之后很多场馆会闲置，这时候主办方可以利用这些场馆来承接一些赛事或者其他活动，也可以直接把场馆租赁给一些企业，以增加一部分收入来源。

上面所提到的这五个部分的收入就是全运会最直接的收益来源，但即便把所有的收入加在一起，估计也不会超过100亿。当然除了这些直接收入之外，还有一些间接的收益，就是全运会会带动当地产业和经济的发展。例如，在全运会筹备期间，当地投入了大量的资金建设场馆、对城建进行了升级，这些建设可以带动当地钢筋、水泥、建材、机械等行业的发展。

另外，在全运会举办期间，有很多人会前往陕西省观赛和旅游，这样也可以带动当地餐饮、住宿、交通、娱乐、购物等行业的发展。

（资料来源：裕丰财经，2021年9月18日，有修改）

解析

思考

举办全运会能给举办地带来哪些好处？

实训项目

举办一项大型体育赛事，所需的资金往往是巨大的，它不是一个组织或者一个企业所能单独承担的，仅依靠政府或者赛事主管单位的定额拨款也很难维持体育赛事庞大的经费支出。目前行之有效的举办体育赛事的办法就是对体育赛事资源进行有效的开发与经营，通过争取赞助等多种渠道筹资，并通过成功举办赛事，实现共赢。

解析

对于体育赛事开发运作的经费主要有媒体报道经费、市场开发中涉及运动员的经费、寻找赞助商的经费、举办市场开发类的经费、人员工资、交通费用等运营费用。

结合上文，搜集资料分析2020年东京奥运会的盈亏估算情况。

体育赛事的财务控制

模块七　体育赛事竞赛过程管理

教学提示

1. 体育赛事竞赛过程管理的相关概念；
2. 体育赛事赛前工作的组织与管理；
3. 体育赛事赛中工作的组织与管理；
4. 体育赛事赛后工作的组织与管理。

模块概要

体育赛事具有很强的实践性和操作性，体育赛事运作过程的实质也是一个转换的过程。体育赛事的过程管理是对特定环境下一定系统资源的管理。2008 年北京奥运会和 2022 年北京冬奥会的成功举办，使我国体育赛事也呈现出新的发展趋势，人们不再满足于观看比赛，亲自体验和感受体育的需求愈发强烈，各级各类竞赛不断涌出，体育赛事数量大幅增加，从内容到形式，从规模到质量，都发生了深刻变化。然而，体育赛事在其过程管理中也遇到了各种各样的问题。基于对体育赛事过程中所涉及各类问题的梳理、总结和归纳，本模块从如何办好赛事、如何进行组织和项目管理的角度对体育赛事竞赛中各阶段和各环节的要素进行分析，以便于赛事组织者科学、规范地进行赛事组织与管理，从而更好地发挥体育赛事的功能和社会效益。

项目一　体育赛事竞赛过程管理概述

体育赛事竞赛涉及多学科，竞赛过程是运动竞赛的主体，和谐是竞赛过程的精髓。运动竞赛从某种意义上讲，既是一场没有硝烟的战争，又是人类自我实现的过程，运动竞赛过程实际上是一个人与人、人与物、人与自然的和谐统一体。

运动竞赛是紧张激烈、争夺胜利的过程，竞赛全过程可以分为赛前、赛中、赛后三个阶段。运动竞赛也是一项系统工程，其中竞赛策划、赛前训练、竞赛表现、竞赛控制、竞赛保障、竞赛评价等构成了运动竞赛过程的基本环节。规模较小的体育赛事（如地区运动会）和大型体育赛事（如奥运会）等基本具有相同的管理过程。

对于运动竞赛组织形式的划分，许多学者有不同的标准。有学者将竞赛组织划分为竞赛筹备期、竞赛期和竞赛结束期；也有学者认为，体育赛事的竞赛组织包括赛前管理和比赛实施管理；部分学者从项目管理学的角度认为，任何一项体育赛事作为一个项目，可划分为赛事启动阶段、赛事计划阶段、赛事实施阶段和赛事收尾阶段。

狭义的竞赛过程，是参与比赛的运动员之间体能、技能和智能等的对抗过程。例如，一场排球比赛的竞赛过程包括发球、接发球进攻、发球方拦防反击、接发球方拦防反击等。广义的竞赛过程由赛前准备、竞赛实战和赛后评价三个基本阶段构成，每一个阶段可以视作整个竞赛系统中相互独立又相互依存的子功能系统。

竞赛过程的构成要素主要包括以下几个方面：

（1）参与者：赛事组织者、参赛者、裁判员、管理服务保障人员和观众等。

（2）物质条件：比赛场地、器材和有关赛事的其他用品等。

（3）组织管理：组织编排、竞赛规则、竞赛规程、竞赛管理等。

竞赛过程是特殊事件的子集，除了具备特殊事件所有的属性外，还具有以下基本属性：

（1）以运动竞赛为核心要素，提供竞赛产品和相关服务。

（2）受竞赛规则、传统习俗等多种因素的影响。

（3）不同的参与者存在目的和目标的多样性。

（4）能够对外界环境产生影响。

（5）具有一次性的项目管理特征。

（6）具有共同的组织文化背景。

（7）具有潜在的市场运作前景。

拓展阅读

体育赛事的生命周期

体育赛事是一种提供竞赛产品和相关服务产品的特殊事件，其规模和形式受竞赛规则、传统习俗等多种因素的制约，具有项目管理的特征、组织文化背景和市场潜力，能够迎合不同参与者分享经历的需求，达到多种目的与目标，能对社会和文化、自然和环境、政治和经济、旅游等多个领域产生影响，能够产生社会效益、经济效益和综合效益。

1. 体育竞赛生命周期的内涵

任何项目都有一个从开始到结束的过程，这个过程通常被称为项目的生命周期。“生命周期”最早用于生物学领域，用以阐述一种生物从出生到死亡的过程，后来被人口学、市场学等学科引用。产品生命周期理论是基于人口动力学理论和创新扩散理论提出的，它是市场营销学中的一个概念，用来描述产品在市场中从导入期、发展期、成熟期（饱和期）到衰退期的变化过程，或是指产品从“出现到死亡”的过程。体育赛事作为一种服务产品，其生命周期与一般的产品生命周期相似。体育赛事作为一种创造体育竞赛产品与服务的一次性活动是有始有终的，这一从始至终的过程就构成了体育赛事的生命周期。

体育赛事是一种一次性活动，赛事举办结束即整个活动结束，所以通常情况下，体育赛事的生命周期可以从狭义上去理解，但由于部分体育赛事，尤其是大型综合性赛事举办时要兴建场馆，结束后还面临场馆设施运营等一系列问题，所以也可从广义上去理解体育赛事的生命周期。

2. 体育赛事的阶段划分

从体育赛事共性角度，根据体育赛事特点，我们可以把体育赛事的生命周期分为6个阶段，即体育赛事的选择阶段、体育赛事的举办权取得阶段、体育赛事的方案制订阶段、体育赛事的组织筹备阶段、体育赛事的举办与控制阶段和体育赛事的收尾阶段。

◆ 思政园地

深度发挥体育大赛的德育功能

2023年，成都大运会、杭州亚运会精彩纷呈，体育健儿勇创佳绩，特别是成都大运会，在举办期间及闭幕后，为大学生们津津乐道，国内多所高校将其作为“大思政课”的平台和课堂，深挖成都大运会的思政元素，结合学校与大学生实际，组织开展了丰富多彩的教育活动，取得了良好的效果。

成都大运会的成功举办，蕴含着丰富的思政元素。

一是认真践行了新发展理念。从场馆设计建设到文化元素的展示，从比赛场馆布局到确定“成都成就梦想”口号，从确立办赛理念到实施惠民工程，充分体现了“创新、协调、绿色、开放、共享”的新发展理念。

二是丰富了中华体育精神的内涵，展示出我国体育强国建设的最新成就。在备赛和参赛过程中，每名运动员都在心中坚守为国争光的信念，在赛场上放飞顽强拼搏的梦想，将强烈的爱国情感融入激烈的竞技中。

三是折射出中国青年良好的精神风貌。在成都大运会期间，无论是运动员、志愿者，还是观众，中国青年都给人以自信、阳光、理性、向上、团结、友善、互助、热情的印象。他们良好的表现，感动了世界各地的朋友，他们不仅赢得了人们的尊重，还为中外合作交往架起新的桥梁。

四是展现出中国文化的深厚底蕴和发展活力。成都大运会的形象元素无不蕴含着浓浓的“中国风”和“巴蜀韵味”。精心选定的文化展示交流点位、内容丰富的文化观光体验区……让来宾深切感受到中国优秀传统文化的魅力与活力。

以课程教学尤其是体育教学为切入点，结合中国健儿在成都大运会上的优异表现，进行中华体育精神的宣传和教育，使学生们认识到，中华体育精神是激励全国各族人民克服困难、砥砺前行的精神动力，并引导青年学生大力弘扬中华体育精神，以此激发其爱国热情，增强民族向心力、凝聚力。

以文化宣讲为切入点，通过成都大运会展现出的中国文化的魅力与活力，引导学生们进一步理解中国文化的博大精深及蕴含的民族智慧，不断增强青年的文化自信。

以成才和励志教育为切入点，通过褒扬中国青年在成都大运会上的表现，使学生们认识到自身肩负的责任使命，不断增强青年学生的志气、骨气和底气。

（资料来源：《中国体育报》，2024年1月9日，有修改）

◎ 案例简析

建设国际赛事之都的探索与实践
——上海市体育工作创新典型案例

围绕2025年基本建成全球著名体育城市、打造世界一流的国际体育赛事之都的目标，上海将赛事发展与提升城市能级、核心竞争力和城市软实力紧密衔接，在优化赛事结构与布局、提升赛事质量与效益等方面进行了积极探索与实践。

一、注重顶层设计，激发上海赛事新动能

以习近平新时代中国特色社会主义思想为指导，为深入贯彻落实“人民城市人民建，人民城市为人民”重要理念，有系统、有规划地引领和构建与国际体育赛事之都相匹配的体育赛事体系，上海市相继发布了《上海市体育赛事管理办法》《上海市体育赛事扶持办法》《上海市体育赛事体系建设方案（2021—2025年）》等一系列纲领性文件，提出了一系列体育赛事管理创新举措，构建以赛事管理与服务为引领、以建设赛事体系为重点、以“赛事认定—赛事评估—赛事扶持”为抓手、以赛事监管和赛事管理数字化平台建设为支撑的上海市“1+1+3+2”体育赛事管理创新体系。

近年来，上海每年举办160多项国际国内体育赛事，以及数千场全民健身和青少年体育赛事活动，办赛主体包括国企、外企和民企等。在总结多年办赛经验的基础上，2021年12月发布了“上海赛事”品牌认定体系，形成了国际一流赛事之都建设的技术引导标准。依据赛事特点和城市需求，上海把赛事分为“PHD”三档定位，即顶级赛事（Premium Events）、标志性赛事（Hallmark Events）和培育性赛事（Developing Events），每年对在上海举办的国际国内体育赛事进行认定与评估，目前已有19项赛事获得“上海赛事”品牌认定。同时，依据上海赛事影响力评估指标体系，委托第三方对上一年度在上海举办的国际国内体育赛事进行评估，参照品牌认定和赛事评估数据，为赛事提供资金扶持，形成赛前认定、赛中评估、赛后扶持的赛事监管与服务闭环，实现提升赛事品质、释放综合效益、完善管理服务三大目标，从整体上推动上海赛事高质量发展。

二、把握战略机遇，开辟赛事培育新赛道

2023年2月，上海正式向国际奥委会提出申办奥运会资格系列赛，2023年10月12日，国际奥委会宣布，上海和布达佩斯成为奥运会资格系列赛主办城市。奥运会资格系列赛是《奥林匹克2020+5议程》的一个重要项目，是国际奥委会新设立的一项将体育与城市文化相结合的节日型系列赛，包括自由式小轮车、霹雳舞、滑板和攀岩4个大项6个分项的比赛。这四项赛事具有时尚、动感、活力的特点，深受年轻人喜爱。上海站比赛于2024年5月16日至19日在上海黄浦滨江段举行。

上海持续积极引进国际一流的商业赛事，除成功申办奥运会资格系列赛外，还陆续获得2024年国际滑联四大洲花样滑冰锦标赛、2025年世界赛艇锦标赛和2026年国际自盟场地自行车锦标赛的举办权。F1中国大奖赛、上海ATP 1000大师赛、上海环球马术冠军赛、世界斯诺克上海大师赛等顶级赛事陆续回归，竞赛表演市场焕发勃勃生机。

在赛事转型方面，上海近年来专注发力打造自主品牌赛事，结合城市发展与青少年体育人才培养，确立了“3+3+3+X”自主品牌赛事发展框架。第一个“3”，即三个依托城市景观培育的头部赛事——中国首个世界田联白金标赛事上海马拉松、2021年在城市母亲河苏州河上创办的上海赛艇公开赛和2024年3月在上海黄浦江上举办的上海帆船公开赛；第二个“3”，即聚焦三大球发展的明日之星系列赛；第三个“3”，即三个各具特色的赛事——上海超级杯、创办于2021年的上海杯象棋大师公开赛和2024年落地的环上海新城自行车赛。

三、放大溢出效应，实现赛事发展新跨越

2023年，上海体育赛事蓬勃开展：春天，世界箭联射箭世界杯、世界剑联花剑大奖赛重磅回归；夏天，世界知名俱乐部足球、篮球青训队伍齐聚申城，聚焦三大球后备人才培养，以赛为媒开展国际文化交流；秋天，上海赛艇公开赛、上海杯象棋大师公开赛、上海超级杯、上海ATP 1000大师赛、环崇明岛国际自盟女子公路自行车赛、上海中心垂直马拉松、上海马拉松等“好戏连台”，为发展城市新型经济、提振城市社会活力、提升城市软实力、深化城市有机更新带来澎湃动能。

（资料来源：国家体育总局官网，2024年1月30日，有修改）

解析

思考

1. 上海是如何打造自主品牌赛事矩阵的？
2. 如何通过体育赛事放大体育赛事溢出效应？

实训项目

解析

项目一

请针对联赛的标准化过程管理进行思考，提出针对一些赛场恶劣事件的见解。

项目二

不和谐竞赛现象的出现和演变，是因为在哪些方面出现了疏漏，如何改进？

项目二　赛前工作的组织与管理

随着体育赛事项目和种类的不断丰富，越来越多的资金涌入体育行业。体育行业已逐渐成为一个具有广泛参与度及多元化消费特征的高速发展行业，发展体育行业也在一定程度上成为满足人民对美好生活需求的重要抓手。

就大型国际体育赛事的举办而言，其不仅是运动竞技的比拼，更是构建国家认同的重要场域。大型国际体育赛事的举办是一个系统工程，需要举办国家、地区各级政府密切配合、统筹安排。因此，在广义上，从相关赛事举办地和时间敲定之后就已经进入大型国际体育赛事的仪式时间。例如，在杭州亚运会的筹办阶段，中国政府通过广泛宣传、组织动员等形式，进行杭州亚运会的仪式氛围营造和有关中国大型国际体育赛事集体记忆的唤醒，为杭州亚运会的顺利举行提供良好的社会舆论氛围和多方力量保障。同样，大型国际体育赛事具备周期性、重复性、展演性、凝聚性等特征，而无论选择举办大型体育赛事还是小型体育赛事，选择经济效益高的体育赛事还是选择社会效益高的体育赛事，都需要了解赛事申办的方式和程序。

基于此，本项目从赛事申办、成立组织委员会、拟定竞赛筹备方案、制订竞赛规程、制订各项工作计划、制订竞赛组织实施方案等方面进行分析。

一、赛事申办

一项体育赛事的前期计划筹备阶段属于下决心的“图上作业”阶段，这时碰到的第一个问题是赛事的可行性问题。可行性研究结果的反馈可以使赛事进一步成熟。可行性研究是赛事运行主体对赛事运作环境等因素进行正确的评价，即赛事运行主体在赛事申办或者举办之前对赛事的成本和效益等进行研究，评价申办赛事的理由和组织的资源（包括人、财、物）是否充分，从而明确体育赛事的可行性，做出申办决定。

考虑到赛事的影响力和赛事舞台搭建所需的各种人、财、物、信息、技术资源等，赛事可行性研究所涉及因素的范围比较宽泛，主要包括以下方面：

（1）赛事举办可用到的或是可接近的赛事物资资源，如场地和设备等。

（2）场地因素，如场馆容纳量等。

（3）赛事举办的直接原因。

（4）成本，包括时间、人员和财力等。

（5）收入计算，包括门票比例、门票发行、资金来源（赞助、基金、拨款）等。

（6）需要的管理技术。

（7）举办时间的确定。

（8）对主办社区的影响。

(9) 可获得的支援，如赞助商、设备的租借等。

(10) 基础设施的要求。

(11) 公共和私人财政支持的来源。

(12) 政府的支持程度。

(13) 赛事的历史记录，如利润收入。

(14) 达到赛事目的和目标的机会。

(15) 克服潜在障碍需要的风险管理举措。

(16) 计划时间的充足性。

一项赛事申办的管理过程，就是从调研、可行性分析、做出决定，到向体育赛事所有者递交申办报告的过程。体育赛事的申办方式包括竞争举办权、购买举办权、自主举办权三种。

二、成立组织委员会

综合性运动会中的组织委员会（以下简称“组委会”）或单项竞赛中的组委会，是整个竞赛组织工作的最高领导机构。举办大型体育赛事需要政府的支持和协助。因此，在组织全国或国际大型体育赛事时，必须有相当级别的政府行政官员担任这个机构的秘书长或副秘书长，以增强这个机构的权威性。

组委会的主要职能如下：

(1) 审议通过组委会的参加人员范围及人员组成。

(2) 审议批准各职能机构的设置及主要负责人名单。

(3) 审议批准竞赛组织的各项实施方案。

(4) 审议批准大会经费的使用原则、范围及大会预算、决算方案。

(5) 裁决竞赛组织过程中的重大问题。

三、拟定竞赛筹备方案

竞赛组织方案是举办一项体育赛事的相关筹备工作的总计划，也称竞赛筹备方案。通常包括下列内容：

(1) 比赛名称、目的与任务。根据比赛的内容、性质、赛制、时间和规模等因素确定比赛名称；根据比赛性质、项目特点和本地区、本部门的具体要求等，确定比赛目的与任务。

(2) 比赛的主办与承办单位。

(3) 比赛时间与地点。

(4) 比赛规模，包括确定参赛者范围、比赛等级、比赛场馆器材设备的规格要求与数量等。

（5）比赛的组织机构，包括竞赛组织管理、各职能机构设置和工作岗位安排以及人员配置的数量等。

（6）经费预算，包括竞赛经费来源与筹资计划、经费使用原则与使用范围、收入计划与增收节支措施等。

（7）工作步骤，确定竞赛整体工作的阶段划分和各阶段的工作重点与具体步骤。

四、制订竞赛规程

竞赛规程是组织和实施某一项（届）运动竞赛的主要规定，对该项竞赛活动的组织管理具有高度的权威性和指导性，是竞赛组织者和参与者都必须遵循的规定。竞赛规程由主管竞赛的部门制订。单项竞赛活动需要制订单项竞赛规程，综合性运动会则需要同时制订竞赛规程总则（即总规则）和单项竞赛规程。

竞赛规程的主要内容如下：

（1）比赛名称。

（2）目的与任务。

（3）比赛日期与地点。

（4）参加单位。

（5）报名办法。

（6）运动员资格。

（7）竞赛办法。

（8）录取名次与奖励办法。

（9）裁判员与仲裁。

（10）报名日期。

（11）报到日期及地点。

（12）注意事项。

竞赛规程的制订是一项非常严肃、细致和慎重的工作。竞赛规程的制订既要符合客观实际，符合国家、地区的情况和体育项目的实际，又要反映国际、国内体育运动发展的水平和趋势，以及运动员对竞赛的需求等，并充分体现公平竞争精神，其中单项竞赛规程要与总规则相吻合。

五、制订各项工作计划

在赛前的筹备过程中，组委会各职能部门要根据批准的竞赛筹备方案和竞赛规程中的有关要求，制订各项工作计划，如开、闭幕式组织方案，竞赛工作方案，宣传方案，安全保卫方案，后勤保障方案，突发事件应急处理方案等。上述方案中，应明确筹备工作任务、工作人员职责、完成任务时限。目前，在体育赛事的组织管理中，除常规制订计划的方法外，较多采用编制计划网络图、工作流程图及各类图表的方法来制订运动竞赛总体规划和各职能部门计划。

六、制订赛事组织实施方案

赛前筹备阶段尤其是组织实施方案的制订阶段，是体育赛事成功举办的关键，其主要工作有报名注册、编排竞赛秩序、编印秩序册、组织裁判员集训、安排赛前训练、做好开幕式的准备等。

“凡事预则立，不预则废”。在赛前工作的组织与管理阶段，要将需要做的各项准备工作、需要解决的各类问题考虑周密。这样就不至于在赛前准备阶段和比赛开始后“临时抱佛脚”。

拓展阅读

赛前组织与管理阶段，赛事参与者主要工作是赛事计划的实施与状态调适。参与者包括运动员、教练员、裁判员和观众等。运动员是赛事的主体，教练员和观众也是赛事的重要组成部分。

其中，赛事训练计划的实施包括训练任务的具体落实，是竞赛计划在赛前训练阶段的具体体现；状态调适则是赛前筹备与组织阶段的主要任务。由于每次比赛场地有限，参赛队较多，为了解决各参赛队使用训练场地的矛盾，竞赛部应统一安排赛前训练。原则上应做到每支参赛队都有机会在将要进行比赛的场地上进行一次以上的适应性训练。赛前训练的具体安排，应编制成训练时间安排表，在各参赛队到达后下发。

以篮球比赛为例，作为集体对抗项目，篮球运动对阵容配备要求较高，参赛阵容的整体性、完备性对比赛影响较大。由于比赛对手的不确定性、比赛场次的高频率性、比赛应对方式的针对性和多变性，如何选择参赛阵容和制订参赛方案是篮球比赛制胜的关键要素。因此，篮球运动赛前训练计划制订的工作要点是：过程划分、负荷安排、内容设计、方法选择、恢复措施、时间选择、对手选择、地点选择。篮球运动赛前训练既要调整队伍状态，又不能影响正式比赛时的发挥，因此科学划分赛前训练过程至关重要。

赛前训练计划内容多由适应性、模拟性热身赛和挑战赛构成。一般而言，篮球运动赛前训练计划实施的工作要点为：战术调适、机能调适、身体调适、心理调适、技术调适、赛场调适、时间调适。其中，战术调适是在赛前采用热身赛、模拟赛等方式检验队伍，使队员熟悉战术配合、寻求与队友间的默契度；机能调适主要是按照竞赛要求的负荷强度，安排针对性训练，使运动员机能达到比赛要求；身体调适主要是在赛前预防和治疗伤病，保证运动员身体健康；心理、技术、赛场、时间调适也是赛前训练的重要内容。

◆ 思政园地

奋斗有我

第十四届全运会田径赛场上，女子撑杆跳高选手李玲以4米70夺冠之后，尽管已经疲惫不堪，但依然决定将横杆高度升至4米75，向自己2019年创造的4米72亚洲纪录发起冲击。

两次挑战失败之后，李玲在和教练员商量后简单补水，侧卧在地上，开启了短暂的休憩模式。此时，场地上的径赛项目已经结束，现场观众看到李玲像当年的伊莲娜·伊辛巴耶娃那样开始冥想时，也安静下来。偌大的西安奥体中心体育场陷入寂静。

虽然，最终李玲的第三次尝试也以失败告终，但她收获的是现场观众经久不息的掌声。人们愿意把欢呼献给冠军，但更愿意把它献给勇于拼搏、挑战自我的勇者。

拼搏作风不是老将的专属，在第十四届全运会男子篮球U19赛场的铜牌争夺战中，江苏队的小伙子们在半场落后26分的情况下，在下半场上演了一出逆转好戏，最终以83 ：81战胜山东队，站上领奖台。

“半决赛的失利确实让我们受到很大影响，中场休息时教练员让我们平复心情，做好自己，把自己应有的水平发挥出来。”全场拿到28分并抢下11个篮板的江苏队球员张陈治锋，赛后眼中写满坚毅。人们看到，经历一次大赛的中国篮球的年青一代，完成了对生理、心理极限的淬炼。大家对这个项目未来的美好期待，从这里徐徐铺展开来。

在体育被公认为是一种教育方式和激励手段的今天，越来越多的人有了这样的共识：2035年建成体育强国，使命在肩，奋斗有我，没有人会辜负这个伟大的时代。

（资料来源：《中国体育报》，2021年9月28日，有修改）

◎ 案例简析

国家体育总局公布新修订的《体育赛事活动管理办法》

体育赛事活动管理办法

《体育赛事活动管理办法》(以下简称《办法》)于2022年12月22日修订公布，自2023年1月1日起施行。本次《办法》的修订是贯彻实施新修订《中华人民共和国体育法》(以下简称《体育法》)的重要举措，对持续深入推进体育赛事活动“放管服”改革、防范和化解体育赛事活动安全风险隐患、完善体育赛事活动监管机制、加快推进体育强国建设具有重要意义。

据介绍，在2020年5月1日起施行《体育赛事活动管理办法》的基础上，国家体育总局联合相关部门陆续出台了《关于加强体育赛场行为规范管理的若干意见》《关于进一步加强体育赛事活动安全监管服务的意见》《关于建立健全体育赛事活动“熔断”机制的通知》等文件。2022年6月24日,《体育法》由十三届全国人大常委会第三十五次会议表决通过，其中有37处涉及“体育赛事”或“体育赛事活动”，增加了许多新的规定。为贯彻实施新修订的《体育法》，有必要对2020年5月1日起施行的《办法》进行修订完善。

2022年4月，体育总局启动了《办法》修订工作。在完成《办法》修订稿的起草工作之后，又征求了全国体育系统和社会各界的意见，最终形成新修订的《办法》。

新修订的《办法》共8章64条，较修订前增加1章17条，修订后的8章为：总则、体育赛事活动申办和审批、高危险性体育赛事活动许可、体育赛事活动组织、体育赛事活动服务、体育赛事活动监管、法律责任、附则。

根据国家体育总局政法司负责人的解读,《办法》的具体修订内容涉及增加行政许可、完善赛事组织、健全服务保障、加强监督管理和强化法律责任等方面。其中，按照《体育法》第一百零六条规定中有关举办高危险性体育赛事活动实施行政许可制度,《办法》增加了一章“高危险性体育赛事活动许可”，明确了举办高危险性体育赛事活动的申请条件、审批程序、监督检查等规定。在完善赛事组织方面,《办法》建立、健全赛事活动“熔断”机制，明确体育赛事活动组织者启动“熔断”机制的情形。

解析

思考

新修订的《体育赛事活动管理办法》中，所修订的主要内容都有哪些?

● 实训项目

请结合所学，通过学习《第十四届全国运动会足球项目竞赛规程》，自己编制一份社区足球比赛竞赛规程。

第十四届全国运动会足球项目竞赛规程

解析

项目三 赛中工作的组织与管理

赛中工作的组织与管理是实现竞赛计划、完成竞赛任务、达到预期目的的实施过程。赛中工作的组织与管理主要包括：开幕式的组织、组织实施临场工作、人员管理、后勤保障供应、统计和公布比赛成绩、闭幕式的组织等。

一、开幕式的组织

开幕式的程序一般包括：宣布开幕式开始；裁判员、运动员入场；奏乐（国歌、会歌）、升旗；领导人致开幕词；运动员代表、裁判员代表宣誓；裁判员、运动员退场；开幕式表演；宣布赛事开幕。

根据需要，可在总指挥部以下设置各项具体工作的分指挥部。例如，设置入场式分指挥部，负责开幕式仪仗队、各代表团队伍、裁判员队伍的组织与管理，入场仪式等的奏乐工作，升旗仪式的组织工作等；设置大会宣传分指挥部，负责开幕式现场宣传、新闻发布、记者组织、观众教育及会场环境布置等工作；设置嘉宾区分指挥部，负责主席台及嘉宾区的组织接待工作；设置大会服务分指挥部，负责开幕式会场所需水电、音响设备、通信、医疗救护以及各类服务保障工作；设置安全警卫分指挥部，负责开幕式场内外的安保人员配备及交通管理等工作。

二、组织实施临场工作

组织实施临场工作是比赛的中心环节，筹备工作的千头万绪都要落实在赛场上。能否有条不紊地组织实施临场工作，对比赛的成败至关重要。比赛正式开始后，竞赛部的主要管理人员要深入赛场第一线，对赛事进行全面、具体的组织领导，要以果断、及时、准确为原则，严格掌握比赛进程，加强各职能部门间的协调配合，防止比赛出现脱节、漏洞和误差。遇到困难或问题及时召开现场办公会议、仲裁会议或组委会会议，特别注意及时解决比赛中出现的弃权、争议、罢赛、弄虚作假、赛风等方面的问题和各种突发事件，确保体育赛事顺利进行。在比赛进行中，各职能部门的员工要尽可能满足运动员、赞助商和观众的需要，并保证体育赛事的一切活动按计划进行。

三、人员管理

1. 裁判员的管理

裁判员是一场比赛的执法者，是各项竞赛规则的具体实践者和维护者，是比赛的组织者和评判者。裁判员自身水平的高低，直接关系到比赛能否顺利进行、运动员技战术水平能否正常发挥、观众是否心情愉快等。一般情况下，赛场上发生纠纷和争执却未得到及时解决，往往和裁判员的业务能力和思想上的偏差有着直接或间接的关系。由此可见，裁判员的管理是非常重要的。

2. 参赛队（运动员）的管理

对参赛队（运动员）应采取分级管理办法，即大会抓各队，提出统一要求和规定，并做好各队之间的协调工作，定期召开联席会议，听取意见，处理问题，改进工作；领队、教练员抓队员，负责全队的管理。通过严格、切实有效的管理，使各参赛队（运动员）自觉做到公正竞赛、团结拼搏、文明礼貌、互相尊重，保持良好的竞技状态，创造优异成绩，不断提高体育赛事的综合效益。

3. 观众的管理

观众是体育赛事的重要参与者，加强对观众的管理，既是保证比赛顺利进行的必要措施，又是充分发挥竞赛积极功能的客观要求。因此，对于易于出现球迷或观众闹事的比赛，组织者应防患于未然，积极寻求预防应对的措施，如实名制售票、加强互联网的监控、禁止有前科的观众入场、增加场内保安和便衣警察的数量等。

4. 满足媒体需要

媒体需要也是赛中人员管理的一个重要领域，这是由媒体的作用所决定的，媒体的工作常会影响整个赛事的节奏。在现代大型体育赛事中，媒体对赛事推广效果，以及财政收入提高的作用非常显著。赛事管理者在满足媒体需要时应该考虑赛事推广和赛事赞助商的利益，即通常所说的营销中的礼遇。

四、后勤保障供应

确保比赛现场有足够食品、饮用水等物资供应，以及为运动员、观众、工作人员、志愿者、赞助商提供恰当的交通工具和住宿等，都属于赛事后勤保障供应的重要工作内容。

此任务要求综合运用供应链管理、物流优化及危机应对等相关理论和实践知识。赛事组织者对体育赛事后勤保障供应的注意点应该包括：

（1）需求预测与清单编制。基于对赛事规模、类型、参与者数量、服务工作人员数量和历史数据的分析，预测所需后勤物资，包括饮用水、食品、急救设备、安全设施、交通工具、酒店住宿等的种类与数量，并编制详细的清单。

（2）供应商筛选与合作。通过对市场供应商的绩效、可靠性、成本效益及供应链合作潜力的评估，选择合适的合作伙伴，并建立长期的合作关系。

（3）供应链整合与物流协调。集成供应商、物流服务商和内部管理系统，执行精细的物料流程图和时间表，确保所有物资按需及时到达指定位置。

（4）质量控制与标准化。实施严格的质量控制程序和验收标准，确保所有后勤物资均达到相应的安全与健康标准。

（5）风险评估与应急预案。对供应链中潜在的风险因素（如可能的自然灾害、交通延迟、供货中断等）进行系统性评估，并制订相应的应急预案以降低这些风险对赛事的影响。

（6）成本管理与预算控制。在预算约束下优化成本结构，确保资源合理配备且不过度消耗财务资源。

五、统计和公布比赛成绩

裁判员在赛中要迅速、准确地统计并公布比赛成绩，使各参赛队（运动员）、观众和媒体及时了解比赛结果，关注比赛进程，对比赛进行宣传和报道。每场比赛结束，竞赛编排组或成绩处理组应及时公布和更新成绩公告栏；每天比赛结束，参赛队（运动员）、组委会领导及有关部门应收到当天的比赛成绩公告。

六、闭幕式的组织

在各项竞赛活动结束后，根据事先确定的闭幕式组织方案，闭幕式的各项组织工作必须提前准备完毕。闭幕式的基本程序是：宣布赛事闭幕式开始，裁判员、运动员入场（也可不入），宣布比赛成绩和获奖者名单，颁奖，致闭幕词，闭幕式表演开始，宣布大会闭幕等。闭幕式的组织工作和指挥系统由开幕式指挥系统负责，大型体育赛事一般由大型活动部牵头。

拓展阅读

赛事实施是对赛事计划中工作任务的承担和完成，是赛事运作中最重要的部分，直接决定体育赛事的结果。简言之，比赛是检验赛前组织与管理赛事参与者主要成果的最好形式。比赛中，运动员会因各种因素产生不同程度的心理紧张，教练员必须找到一个适当的方法能够在比赛中调节好运动员的情绪状态，使其心态平稳，发挥正常的技术状态。比赛中教练员指导语言的力度十分重要，技术指导、心理调适、战术安排等都是决定运动员能否创造优异成绩的重要因素。其中，运动员的竞技发挥主要反映在体能分配、技术运用、战术应变、心理自控等方面；教练员临场指挥主要反映在人员调配、战术调整和心理调控等方面。

竞赛过程的基本结构由竞赛表现、竞赛控制和竞赛保障三个部分构成。其中，竞赛表现包括状态发挥和临场指挥；竞赛控制包括竞赛裁判和竞赛规程；竞赛保障包括医疗保障和后勤保障。

◆ 思政园地

第十四届全运会中国式摔跤关键词：坚持

“加油！”“稳住稳住！”“拽他的腰带！”“你要积极进攻，不能只防守！”这是刚走进中国式摔跤比赛场最先听到的声音，运动员在台上比赛，教练员和队员的加油声、指导声在场边接连响起。比赛前，在了解中国式摔跤的项目背景和历史资料时，除了“中国”两字告诉我这一定是一项传统体育运动项目外，28年也成为一个新的关键词。

28年，是一代人的时间，也让中国式摔跤的发展经历了重大改变。中国式摔跤28年前退出全运会舞台；28年后经历曲折，最终以群众项目重返全运会。看似简单的数字，背后却是中国式摔跤人的努力。

“坚持”，是这次在采访中感受最深的词语。他们尽管年龄不同，现在从事的职业和身份也各不相同，但是言谈间都告诉我们为了参加第十四届全运会，他们真的坚持了很久。中国式摔跤作为正式比赛项目出现在第二届全国青年运动会上，让很多省市开始重新重视该项目青少年后备人才的培养，重新组建省队。虽然这次中国式摔跤作为群众项目，25岁至50岁的参赛年龄要求将那些刚入中国式摔跤大门的小将挡在门外，却也给了很多曾多次期盼中国式摔跤可以重返全运会的项目爱好者一个圆梦的机会。

来自四川的胡斌今年49岁，在业余体校练习中国式摔跤的时候，中国式摔跤退出了全运会，这是他的第一次全运会，也是最后一次；来自天津的孙庆国，在刚毕业的时候就带学生参加中国式摔跤比赛，今年师徒终于重聚全运会中国式摔跤赛场；来自浙江的吴志鹏曾是一名中国式摔跤运动员，2017年任职的学校开设中国式摔跤课程后，就开始带学生组队训练。

28年的“停止”，对项目发展或多或少产生了影响，或许也正因为如此，让他们更加信念坚定，有着同一个目标，就是希望中国式摔跤可以发展得越来越好。

在每次和参赛选手、教练员、裁判员聊天的时候，他们都很热情，将中国式摔跤的起源、规则、历史一一讲解——近几年中国式摔跤在哪些重大场合被提到，中国式摔跤现在在全国以及海外的发展情况……也是通过他们的介绍，让我对中国式摔跤28年的“空窗期”有了一个全面的了解。

当谈到中国式摔跤的未来一定有更好的发展时，他们更是侃侃而谈，对自己所坚持的项目充满自信。“六分钟一场的比赛，没有加时，时间结束胜负必分，也让比赛的节奏变得很快。”“出界或倒地得分，不主动进攻失分，规则易懂。”“对场地没要求，老少皆宜。”“中国式摔跤需要强大的平衡力和核心能力，可以为其他摔跤类项目提供支持和帮助。”

或许正是因为有这么一群人的坚持，让我国传统体育文化中的瑰宝、历史悠久的中国式摔跤可以经历曲折也长盛不衰，相信未来中国式摔跤一定会发展得越来越好。

（资料来源：《中国体育报》，2021年9月28日，有修改）

◎ 案例简析

我国综合性运动会的组织结构建设采用职能组织结构形式。这种组织结构能够将赛事运作任务分别委派到各有关组织部门中去，使赛事各个运作任务有明确的管理主角。下表为我国某综合性运动会组织部门对赛事运作任务的分担情况。

我国某综合性运动会组织部门对赛事运作任务的分担情况表

赛事运作任务	我国综合性运动会组织（以部门代表）
预算与财政	财务部、审计监察部
风险	安全保卫部
人力资源	人事部
后勤	场馆部
信息沟通	对外联络部、电子技术部
市场营销（赞助、公共关系、礼遇、销售、广告、集资筹款、媒体转播、销售规划）	新闻宣传部、集资部、行政接待部、大型活动部、广播电视委员会
竞赛	竞赛部、兴奋剂检查委员会（秘书处，编排记录处、颁奖处、场地器材处） 竞赛委员会（下级） 办公室、竞赛处、新闻宣传处、安全保卫处、行政处（宣传教育、行政接待、场地器材、食宿交通、安全保卫、集资、财务、医务）
评价	办公室

因为体育赛事必须在规定的时间内完成，进度计划在项目管理中就显得特别重要。安排进度计划的目的是控制时间和节约时间，使体育赛事成功举办。进度计划要说明哪些工作必须于何时完成和完成每一项任务所需要的时间，但最好同时也能表示出每项活动所需要的人数。由于流程图能够显示所有要求完成的任务、每项任务的负责人、完成任务的时间和任务之间的关系，因此流程图可以成为赛事计划中行动计划和进度表的重要表现形式，给赛事管理者提供整体进度安排，给赛事实施提供重要依据。

甘特图是流程图中十分重要的一种，甘特图基本上是一种线条图，横轴表示时间，纵轴表示要安排的活动，线条表示在整个期间计划的和实际的活动完成情况，能直观地表示计划任务在什么时候进行，以及实际与计划的对比，使管理者可以很清楚地了解一项任务还剩下哪些工作要做，且能够评估工作是按计划日程进行的，还是提前或落后。甘特图直观地表达了职责、时间和任务依赖关系，任务依赖关系表明了某一任务必须在下一个任务开始前完成。从意义和特点上看，在对关键日期、截止期限和有相互关系的赛事任务处理上，运用甘特图十分可行，甘特图可以表明所有在时间框架里开始和完成的任务，显示被指派职责和任务的依赖关系，下图为某体育赛事甘特图。

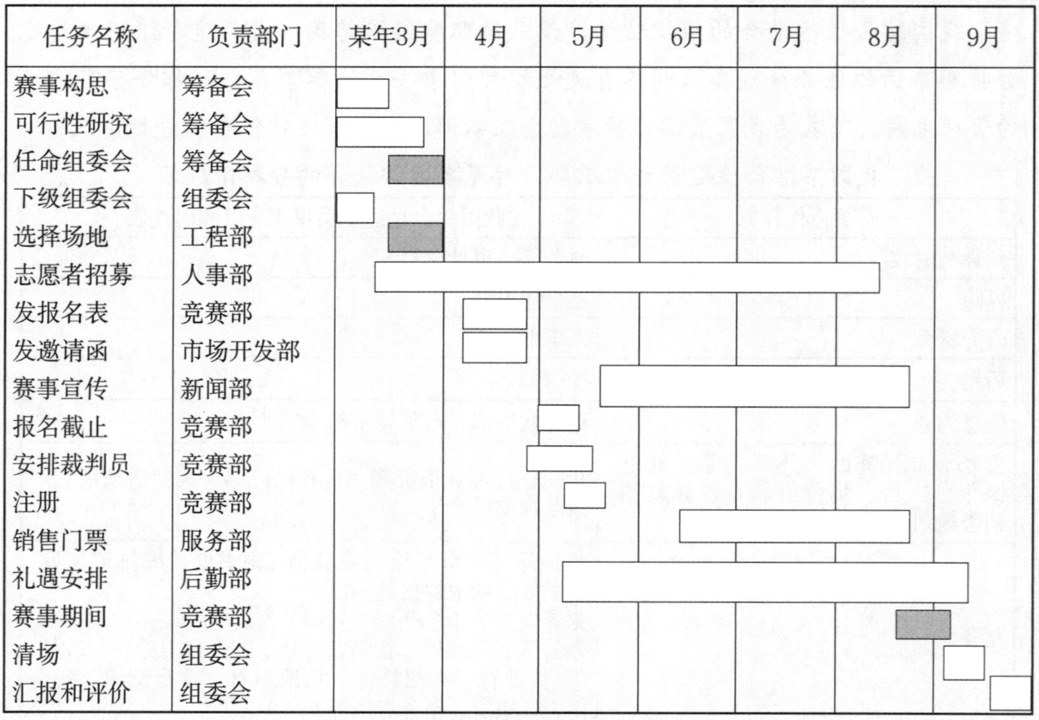

某体育赛事甘特图

思考

查阅相关文献，总结体育赛事的进度计划方法还有哪些，并选择一种进行详细说明。

解析

● 实训项目

赛事安排是一种运作，赛事最终是竞赛产品和服务的输出。任何赛事都可以被看成是产品的展示，体育赛事在本质上就存在消费和产品供应，因此必然会有后勤工作。由于体育赛事是在一定的场地空间里进行的，因此赛事后勤与一般的商业后勤存在差别，赛事后勤需要把消费者有效运输到赛场，即把消费者带到产品面前，同时还要把设备送到和撤离赛事场地。

根据以上内容，请撰写一份赛场后勤项目实施计划。

解析

项目四　赛后工作的组织与管理

激烈的竞赛落下帷幕，并不意味着整个赛事工作的结束。场地器材、设备的拆卸、清理和移交，成绩册的编制和印发，有关文档资料的整理和归档，各种经费的结算和审计，竞赛的总结，致谢和表彰工作等都是竞赛组织中重要的收尾工作。赛后工作的组织与管理是对赛事管理要素的清理工作，这主要表现在后勤工作和竞赛工作上，包括成绩册的编制和印发、致谢与表彰、财务结算、文件归档、撰写工作总结等。其中，成绩册的编制和印发应根据各项竞赛规程中有关录取名次和计分方法的规定执行。成绩册的主要内容依次为：破纪录情况、各单项名次情况、获其他奖励名单及各项目比赛成绩表。其余工作内容见模块八。

◥ 拓展阅读

赛后工作的组织与管理的重要工作是工作总结和赛后评价。工作总结既要反映出时间序列上的阶段计划、阶段措施、阶段评价、阶段绩效等内容，又要反映出空间序列上的训练内容、训练方法、训练负荷、参赛设计、参赛组织、参赛结果等内容。一定程度上讲，赛后评价更为重要，因为前一个赛事的结束是下一个赛事的开始。赛后评价是探寻竞赛规律的重要手段，通过赛后评价不仅可以获得竞赛过程的成功经验和失败教训，还可以针对竞赛成绩进行系统分析和科学总结。

◆ 思政园地

母女同赛的难忘记忆

母女二人一同参加全运会，是种什么体验？在第十四届全运会群众赛事活动健身气功·气舞城市街道（社区）组展演中，北京的刘京平就与女儿焦响乐一同感受了一番。“太激动了，太开心了。和女儿一起参加全国最高规格的比赛，这真的是太难忘了。”刘京平说。

刘京平说：“女儿平时工作很忙，赛事规程下发后，为了更好地组队，我才把女儿叫来‘救场’。好在女儿平时也练习了多年的健身气功，有着不错的基础。”

由于时间紧、任务重，加之队伍中一些队员对于健身气功·气舞这个项目参与得不多，刘京平发挥自己是国家级社会体育指导员的优势，抓紧时间对队员们进行培训。动作分解教学、小组练习、集体合练……而女儿因为工作的原因，则是利用每天的早晨或晚上与大家一起练习。

不仅如此，由于气舞项目比赛时还要在大屏幕上播放视频，焦响乐承担起了视频制作的重任。“女儿也没有学过视频制作，也是边学习边制作。最终成品出来后，让我们所有人都感到惊艳。”刘京平自豪地说。

虽然从组队到训练、再到参赛，一直都处于紧张状态，刘京平却非常享受与女儿及队友一同参赛的这段日子。她说：“队伍中有我的女儿，也有常年一起习练健身气功的朋友，大家在一起为了一个共同的目标而努力，再累也是快乐的。”

第十四届全运会的比赛后，刘京平又开始了她忙碌的工作——每天都到离家不远的天坛公园继续指导大家参加健身活动。而下届全运会上，她希望还能和女儿一同参赛，到那时争取取得更好的成绩。

（资料来源：《中国体育报》，2021年9月29日，有修改）

◎ 案例简析

完美收官|比赛有终点 精彩不落幕
2023第十四届环岛赛闭幕式在海南三亚举行

2023年10月9日晚，2023第十四届环海南岛国际公路自行车赛(以下简称“环岛赛”)在海南省三亚市三亚湾红树林度假酒店举办闭幕式暨颁奖仪式。经过5个赛段激烈角逐，这场国际体育盛会在三亚市圆满落幕，各项成绩荣誉最终揭晓。

环岛赛主办单位国家体育总局、海南省人民政府的有关领导，赛事组委会、执委会成员单位负责人，赛事途经市县分管领导、旅文局领导，运动员、领队及赛队相关工作人员，裁判员，赞助商代表，媒体记者共计约500人参加闭幕式暨颁奖仪式。

三亚市人民政府副市长在闭幕式致辞时表示，近年来，在国家体育总局和海南省人民政府大力支持下，三亚市举办了一系列国际级、国家级、省级体育赛事。一场场高水平体育赛事的落地，让三亚成为大型体育赛事和活动的汇聚之地，进一步擦亮了鹿城的体育名片。2020年，三亚市入选首批国家体育消费试点城市。目前，三亚正在以大型体育赛事为载体，推动体育和旅游深度融合发展，拓展体育产业的内涵和外延，为打造国际旅游胜地注入新的活力。环岛赛虽然已经结束，但发展体育运动、弘扬体育精神没有终点。期盼各位运动员继续挑战自我，勇攀高峰，不断创造佳绩！

2023第十四届环岛赛总裁判长约翰·麦克唐纳宣布比赛成绩，各位嘉宾为本届环岛赛获奖队伍及选手颁发奖杯、奖牌。闭幕式上，赛事总指挥、海南省旅游和文化广电体育厅有关领导颁发“卓越贡献奖”纪念铭牌，致闭幕词并宣布赛事闭幕。其表示，本届赛事的成功举办极大地提升了海南自由贸易港在世界上的知名度、美誉度和影响力。组委会将充分利用好自贸港政策优势，全面提升赛事的市场化、标准化、国际化水平，同时通过赛事举办推动绿色骑行等户外群众体育活动，引导自行车运动文化发展，推动海南国家体育旅游示范区建设。

在环岛赛主题曲《圆圆的翅膀》响彻会场后，闭幕式举行了车手联欢，邀请海南知名乐队现场演唱国际流行歌曲，为车手助兴，并邀请流行舞者现场演出，将现场氛围推向了高潮，赢得了观众们的阵阵掌声和喝彩。

环岛赛历时五天，赛程全长781.1公里，穿越海南11个市县，沿途经过了环岛旅游公路、热带雨林国家公园以及黎苗民族聚居区，展现了海南自贸港独特的自然风光和人文景观。比赛吸引了众多观众前来观赛，提升了海南中秋国庆黄金周热度，为当地经济发展带来了新的活力。赛事的成功举办，不仅为全球自行车运动爱好者带来了一场视觉盛宴，也为海南的体育事业发展注入了新的动力。未来，环岛赛将继续以高标准、高质量、高要求的姿态，在海南自贸港各项红利的深度加持下，继续打造成为更具国际影响力的品牌赛事。

（资料来源：环海南岛国际公路自行车赛官网，2023年10月9日，有修改）

解析

思考

1. 如何通过赛事，展示海南自贸港形象？
2. 如何有效发挥体育赛事的传播和影响力？
3. 环岛赛给举办地（海南省）带来了哪些效益？

实训项目

解析

请根据本项目所学内容，对体育赛事赛后工作的组织与管理的主要工作进行总结。

模块八　体育赛事结束工作管理

教学提示

1. 体育赛事结束工作的内容；
2. 体育赛事的致谢与表彰；
3. 体育赛事的财务结算；
4. 体育赛事的文件归档；
5. 体育赛事工作总结的撰写方法。

模块概要

闭幕式的结束就标志着体育赛事进入收尾阶段，体育赛事的收尾阶段指按照申办报告以及赛事计划方案，完成体育赛事工作后，依据标准对体育赛事进行评估和总结，并完成比赛遗留问题的处理工作，以提交总结和评估报告为标志。在体育赛事的结束阶段，赛事组织者需要进行的工作主要有致谢与表彰、财务结算、文件归档、撰写赛事工作总结，只有完成这些任务才能宣告体育赛事工作正式结束。

项目一　致谢与表彰

体育赛事的致谢与表彰活动通常由赛事主办方举办，以鼓励和激励参与者继续努力。在体育赛事的收尾阶段，赛事主办方需要向体育赛事运作管理的外部机构和相关人员致谢，如赞助企业以及协办单位等，同时对赛事运作的内部机构及人员也应该表示感谢并予以表彰，如赛事工作人员、志愿者等。

致谢与表彰不仅可以对内部机构及人员的价值与成就进行必要的肯定和鼓励，激励其在将来的工作中更加努力，还可以维系与外部相关利益机构的良好合作关系，保持体育赛事运作管理机构的良好形象。

拓展阅读

赛事结束后对先进个人和先进集体进行表彰是激励和鼓舞人们更好工作的重要环节。组委会不仅要对工作人员、服务人员及其他志愿者进行表彰，还要向所有支持体育赛事并协调配合工作的有关单位表示感谢。具体致谢和表彰对象见下表。

赛事结束工作的致谢与表彰对象

工作内容	对象
致谢	主办单位、政府部门、媒体记者、赞助商、捐赠者、志愿者等
表彰	直接参与体育赛事运作的机构及个人

致谢与表彰的方式有很多种，赛事主办方应从赛事规模、规格、预算以及致谢与表彰的对象等多个角度进行权衡和考量，在此基础上加以选择和创新。例如，对于志愿者而言，对他们的表彰应该重荣誉而轻物质，设计独特、制作精美的一封致谢信可以作为一种向志愿者表达衷心谢意的良好方式；对于赞助商而言，举行一次隆重的商务宴会或者酒会比较合适，此类宴会和酒会还能在表达谢意的同时增进彼此的合作关系，为将来的合作打下公关基础；对于赛事工作人员而言，进行一次轻松的聚餐或闭幕晚会能够消除长期以来的工作压力，加上适当的物质奖励便能激励他们投入到下一阶段的任务中去。不管是何种方式的致谢或表彰，想要达到预期的良好效果，致谢与表彰的核心功能都是让致谢与表彰对象感到自身价值被肯定、被认可以及受重视。

◆ 思政园地

扩大赛事溢出效应，打造亮丽城市名片

2024年4月19日至4月21日，2024年世界一级方程式锦标赛（F1）中国大奖赛拉开帷幕，冲刺赛排位赛中，10支车队、20位车手你追我赶，赛车的轰鸣声、赛场的火热氛围都给广大车迷带来了酣畅淋漓的观赛体验。迎来主场首秀的中国首位F1正式车手周冠宇更是成为全场的焦点，他说："我是来自中国上海的车手，希望世界看到中国赛车的发展，也希望更多中国年轻车手走向世界。"

如果说F1中国大奖赛正在不断扩大城市的国际知名度和影响力，那么上海对赛事活动的多业态融合、多场景打造，则能将体育赛事的"流量"更好地转化为文旅消费的"留量"，打造出一张张让人过目难忘的城市名片。

就在F1中国大奖赛进行之时，上海汽车文化节也同步开幕，推出了以汽车历史、汽车生活、汽车未来为特色内容的文旅IP主题活动，包括古董车巡游、汽车大咖品牌秀、汽车露营、汽车影院、汽车后备厢市集、世界汽车运动百年主题展等体验活动，营造汽车文化氛围。

值得一提的是，F1中国大奖赛举行之后，周边的9个A级景区对持赛事电子票或工作证的人员实行免费开放政策。同时，赛事周边的商圈，包括一系列特色酒店和民宿，也开展了节庆特惠活动，打出惠民让利组合牌，让前来观赛的人们感到不虚此行。

举办高水平体育赛事的最终目的是满足人民对美好生活的向往。飞驰的赛车吸引着世界的目光，而要把"流量"真正转化为"留量"，还应积极创办适合区域发展、富有特色的自主IP赛事，推动体育赛事与商业、文化、旅游、展览等产业融合发展。

（资料来源：《光明日报》，2024年4月29日，有修改）

◎ 案例简析

第十四届全国冬季运动会上海市代表团总结表彰大会举行

2024年3月15日，第十四届全国冬季运动会（以下简称"十四冬"）上海市代表团总结表彰大会在上海棋院举行。

会上，黄浦区体育局、普陀区体育局、上海市冰雪运动协会等单位被授予"组织奖"称号，上海市竞技体育训练管理中心田径运动中心被授予"人才输送奖”称号，有10名运动员、7名教练员被授予“突出表现奖”称号。

在十四冬上，上海市代表团按照市委、市政府的要求，团结协作、顽强拼搏，大力弘扬上海城市精神，赛出风格、赛出水平，取得了运动成绩和精神文明的双丰收。

多措并举实现历史新突破

2019年，上海市委办公厅、市政府办公厅印发了《关于加快发展冰雪运动的实施意见》，上海市体育局制定了相应的配套文件，明确了冰雪运动项目市场化、社会化办队方向。上海冰雪运动项目起步较晚，但发展迅速，坚持自主培养和人才引进并重，正在探索一条符合都市型竞技体育发展的全新之路。

在长达八年的备战周期中，最早参加十四冬雪车项目决赛的跨界跨项运动员应清、邵奕俊等，获得了3枚金牌、2枚银牌、1枚铜牌的好成绩，实现了上海冬季冰雪项目综合运动会金牌零的突破。在十四冬再次开启的决赛中，43名运动员参加了6个分项、24个小项的决赛。另外，利用十四冬的参赛政策，上海与外省市在6个分项、27个小项上对30名运动员进行了省市的联合培养。经过运动员、教练员的顽强拼搏和全团上下的共同努力，共获得了3枚金牌、8枚银牌、7枚铜牌的好成绩。上海市代表团狠抓赛风赛纪和反兴奋剂工作，获得了十四冬组委会颁发的体育道德风尚奖，营造了冰雪运动发展的良好氛围，为上海打造国家冰雪运动“南展西扩东进”桥头堡奠定了重要基础。

会议要求，各单位、各部门要认真学习领会会议精神，提高站位，统一思想，以更强的担当、更大的力度、更实的举措，进一步转变工作理念，创新竞技体育人才培养方式，发挥市场在资源配置中的积极作用，推动群众体育、竞技体育、体育产业协调发展，不断开创冰雪运动发展的新局面，为上海担当体育强国建设排头兵、先行者作出更大的贡献。

（资料来源：澎湃新闻，2024年3月15日，有修改）

解析

思考

根据以上案例，简述赛事结束后的表彰活动能起到哪些作用？

● 实训项目

搜集2020年以来你所在地区举办的赛事，拟一份志愿者致谢信。

解析

致谢与表彰

项目二　财物结算及财务报告

比赛结束后，应尽快妥善处理设备、器材以及办公用品，包括所有赛事期间注册在案的固定资产，这一工作应遵循“谁发放，谁回收”的原则。另外，除了物资的回收外，还应该对赛事的款项往来进行及时的结算，避免经济纠纷和损失。只有做好了赛事的财务结算，才能撰写出全面、科学、符合实际的财务报告，为赛事运作管理机构和主办单位整体了解赛事的收支和盈利情况提供参考。

拓展阅读

财务报告是通过会计语言反映一个组织一定时期运营状况和经营业绩的一种形式，它能将专业的会计知识转化为容易理解的通用知识，传递关于组织经营的相关信息，为决策者提供支持。体育赛事财务报告的主要内容见下图。

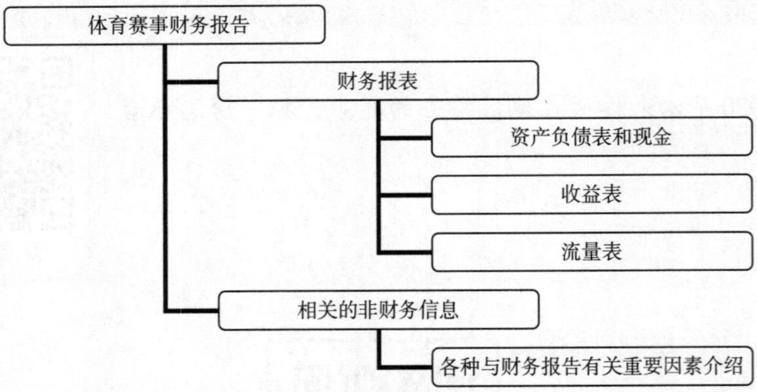

体育赛事财务报告的主要内容

尽管财务报告的主要内容是财务报表，但需要注意的是财务报表中的信息只是用来了解赛事运作实际情况的工具之一，并不是最终报告目的，也就是说不能仅仅就数据论数据，而应该将财务信息与非财务信息结合起来。在财务情况的具体分析工作中，要按照动态与静态相结合、将来与过去相结合、业务与财务相结合、宏观与微观相结合、空间与时间相结合、赛事个体与行业整体相结合的原则进行分析，使财务报告能够为赛事运作管理机制、赛事主办单位、政府机构及其他利益相关者提供更多、更准确和更客观的有关赛事运作的信息，为其将来的决策提供参考和帮助。例如，财务报告中对赛事运作收入结构的财务分析可以进行多方位的衡量，可与上一届赛事进行纵向的对比，还可以与同性质或同规模的赛事进行横向的比较，另外还可以分析收入结构的特点、产生原因、优劣势等问题。

财务报告对体育赛事运作管理机构来讲是一项管理与决策的工具，而对于政府、投资者、公众来说是一种监督与控制的方式。所以，不管是编制赛事运作的财务报告，还是对财务报告进行数理分析，都应该遵循“合理合法”的原则，一定要遵守《中华人民共和国会计法》《企业会计制度》《企业财务会计报告条例》等相关法规条例，还要遵循公认的会计原则。当财务报告编制完毕后，经同级审计部门审核后，报主办单位、体育行政管理部门、举办地政府备案。全国性大型综合性运动会后，要由专门的审计部门进行审计. 并向举办地政府及人大常委会提交审计报告。

◆ 思政园地

向运动员致敬！体育赛事年度表彰大会进行时！

近日，学校体育运动赛事表彰大会在风雨操场成功举行。会议对年度运动队比赛、群体赛事获奖者，优秀体育社团，先进个人等进行了表彰。

表彰大会旨在落实《青岛理工大学全面加强和改进新时代体育教育的实施方案》，彰显体育骨干的榜样带动作用，推动学校体育育人工作扎实开展。党委常委、副校长出席会议并讲话，宣传部、团委、学生处、教务处等部门负责人，各学院副书记出席了大会。大会由体育教学部群体竞训中心主任主持。

大会总结了2021年度体育奖项，并对先进集体和先进个人进行了表彰。体育教学部主任表示，下一步，体育教学部将落实“强发展先强身”理念，切实推动全校学生阳光体育运动的广泛开展与高质量进行，促进全校师生养成积极参与群众性体育锻炼的风气，继续坚持全面发展的育人理念，不断深化和提升体育育人成效，努力提高学生体质健康水平。

（资料来源：青岛理工大学融媒体中心，2021年12月16日，有修改）

◎ 案例简析

北京冬奥组委公布财务收支报告——收入153.9亿元、结余3.5亿元

北京冬奥组委公布的财务收支报告显示，为确保2022年北京冬奥会和冬残奥会的成功举办，北京冬奥组委积极组织收入，加强资金统筹，强化预算管理，落实节俭办赛，保障了赛事各项资金需求。

根据报告，北京冬奥组委收入153.9亿元人民币，折合约22.89亿美元；支出150.4亿元人民币，折合约22.37亿美元；结余3.5亿元人民币，折合约0.52亿美元。

收入包括市场开发等四方面

报告显示，北京冬奥组委的收入主要来源于四个方面：

一是国际奥委会资助37.8亿元，是国际奥委会按协议分配给主办城市的国际市场开发收入和电视转播权收入分成。

二是市场开发收入111.3亿元，是北京冬奥组委根据《主办城市合同》，在国际奥委会授权下实施的国内市场开发和特许经营收入。

三是其他收入4.8亿元，包括利息、收费卡和资产处置等各类其他收入。

四是票务收入，为保障涉奥人员和观众的健康安全，北京冬奥组委未销售门票，因此无票务收入。

支出涵盖体育竞赛、场馆设施等八方面

报告显示，北京冬奥组委的支出按性质和用途划分为八个方面：

一是体育竞赛支出13.3亿元。为满足体育竞赛要求，安排竞赛和训练场馆所需的体育器材租赁和使用支出，以及制冰造雪等场馆运行和消耗支出。

二是场馆设施支出18.7亿元。根据国际奥委会对举办冬奥会的场馆、场地的设施要求，安排场馆临时设施和临时电力设施费用支出。

三是技术系统支出23.2亿元。为满足国际奥委会的竞赛管理系统要求、国际冬季单项体育组织的计时记分要求、电视转播商的数据通信要求以及2022年北京冬奥会和冬残奥会赛事组织其他信息化要求安排的各类技术支出。

四是赛时服务支出23.6亿元。根据《主办城市合同》及往届奥运会惯例，安排的相关参赛人员的交通、住宿、餐饮支出和奥运村支出，国内外注册媒体服务支出、国际奥委会和各国家(地区)奥委会等外事服务支出。

五是仪式、宣传和文化活动支出15.7亿元。为提升冬奥国内国际影响力，举办冬奥会和冬残奥会四场开闭幕式支出，奥林匹克文化活动支出，冬奥宣传和官方网站建设运维支出，奥林匹克火种海外采集和国内火炬接力支出，冬奥会遗产和可持续行动支出。

六是办赛保障支出15.5亿元。为保障赛事顺利举办开展的安保、医疗、物资管理和物流支出。

七是人力资源相关支出28亿元。支付工作人员工资，工作人员和志愿者的招募、培训、激励、制服等支出。

八是赛事运营支出12.4亿元。北京冬奥组委行政办公、法律咨询、金融服务、参赛人员的人身保险和北京冬奥组委责任保险、财产保险等支出。

根据报告，按照“两个奥运、同样精彩”的理念，冬残奥会各项支出已经全部在上述各类支出中统筹安排，故不再单独列示。

（资料来源：中国新闻网，2023年5月6日，有修改）

解析

思考

结合以上资料，谈谈你对赛事财务管理的感想。

实训项目

请按本模块相关知识，为某一赛事撰写财务报告。

解析

项目三　文件归档

档案作为人类历史活动的真实记录，承载了人类文化，也是人类社会的宝贵财富。赛事各类资料的收集、整理、归档工作不仅是收尾工作的重要部分，更是赛事整体情况的综合反映，也是未来举行同类赛事组织工作的重要依据。因此，赛事结束后，赛事组委会要将整个赛事所有具有参考价值和保存价值的文档（包含文字、图表、账册、音像、电子文件等），按照其内在的联系进行组卷、归档和保存。

拓展阅读

一般规模的赛事文档资料分三大部分，主要内容见下图。

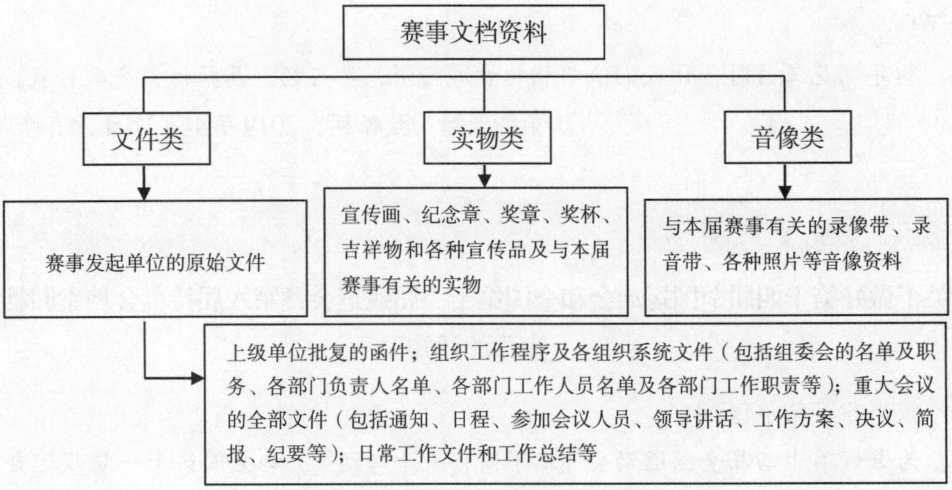

赛事文档资料主要内容

赛事各类文件必须一式两份，尽量上交原始文件。在文件处理过程中分原始文件和复制件。实物和音像资料全部要原制品或作品，同时可另交一份以备份。

大型综合性赛事档案，可交给举办地政府档案馆，同时另交一份给主办单位；一般小型赛事或单项赛事档案则由承办单位自行保管。

◆ 思政园地

2019扬州马拉松圆满结束！多部门紧密合作后勤保障工作，为扬马保驾护航！

2019年4月21日，华侨城·2019扬州鉴真国际半程马拉松赛圆满结束。来自全球40多个国家的3万余名运动员齐聚扬州，用激情和速度参演了一场不一样的马拉松盛会。扬州马拉松已举办了14届，连续7年获得“双金赛事”（国际田联金标赛事、中国田协金牌赛事）。

在比赛的热闹景象中，有这样一群人遍布在赛道两侧，默默无闻地付出，为赛事提供温暖而贴心的后勤保障工作。他们身穿最鲜艳的橙色服装，分别在起终点、赛包发放、运动员引导等重要岗位，在赛场的各个节点为跑友们并提供贴心的赛事服务，力争提供高质量和高水准的服务。高强度的运动量对人体是极大的考验，为了防止各类突发事故，赛事保障方面安排了安保组、保洁组和医疗组及扬州体育公园的工作人员等负责后勤保障工作。

选手们能在赛场上尽情挥洒汗水、专心比赛，正是由于赛道两边这些默默付出的工作人员为赛事提供了有力的保障。这些工作人员使跑友们获得了更好的参赛体验，他们提供了更安全的赛事保障和完善的后勤服务，让跑友们的马拉松之旅更加安心。

感谢所有为本次马拉松赛提供各项后勤保障的工作人员及志愿者们，你们辛苦了！

明年烟花三月时，让我们依旧相约古城扬州，参与扬州马拉松，突破自我！

（资料来源：搜狐网，2019年4月21日，有修改）

◎ 案例简析

关于做好第十四届全国运动会和全国第十一届残运会暨第八届特奥会档案归档工作的通知

校内各有关单位：

为做好第十四届全国运动会（以下简称“十四运”）和全国第十一届残运会暨第八届特奥会（以下简称“特奥会”）档案移交工作须归档，确保十四运和特奥会档案及时、准确、完整归档，根据陕西省档案局2021年档案工作年度执法检查和《西北大学档案管理办法》有关要求，现将有关事项通知如下：

一、归档范围

学校各有关单位在十四运及特奥会期间形成的具有保存价值的文字、图表、声像、照片、实物等不同载体形式的文件材料，具体归档范围按照《西北大学第十四届全国运动会和全国第十一届残运会暨第八届特奥会档案归档范围及保管期限表》执行。

二、归档时间及档案移交地点

请各单位于2021年12月15日前将档案送至太白校区图书馆一层东侧档案馆110室。

三、归档流程

归档流程见《西北大学档案归档流程》。

四、归档要求

1.各归档部门移交档案须通过西北大学档案信息管理系统报送归档移交目录、卷内目录。

2.请各单位按时移交档案，各单位应做到立卷规范，归档材料齐全、完整。希望各单位分管档案工作的负责人切实加强对本单位档案工作的领导，兼职档案员要切实履行档案工作职责，做好本单位档案材料的归档工作。任何单位和个人不得将应归档材料据为己有。

3.涉密档案须单独立卷归档，涉密归档材料的移交目录须用涉密计算机打印或经手工填写后送交档案馆。

4.归档单位移交档案材料时须填写《西北大学档案移交目录》一式2份，交接双方签字并加盖所在单位印章，归档单位和档案馆各存1份该目录。

5.归档所需的案卷封皮从档案馆领取，《西北大学档案移交目录》、卷内目录、备考表可在档案信息系统中打印。

（资料来源：西北大学官网，2021年10月15日，有修改）

思考

你认为应如何做好体育赛事的归档工作？

解析

● 实训项目

应当对不同规模、不同类型的赛事相关文件的归档范围及要求做出明确规定，让各部门及人员在上交、收集、整理和移交文件时有法可依、有章可循。在制定文件归档的相关规定时，首先应该依据的是《中华人民共和国档案法》和国家体委（现国家体育总局）于1986年制定的《体育档案工作管理试行

解析

办法》，在制定档案管理办法时要参考同类赛事的归档方法，还要注意结合赛事的自身特点进行调整和修改。文件归档要求和步骤如下表所示。

文件归档要求和步骤

文件归档要求	文档整理具体操作步骤
齐全完整	针对不同类型的文件定出归档范围，如会计档案的归档范围一般包括会计凭证类、会计账簿类、财务报告类资料
签署完备	保证归档文件的合法性、有效性
真实可靠	数据不得擅自涂改
便于保存	文件盒的制作材料应益于长期保存，书写材料不得使用圆珠笔、纯蓝和红墨水等易于褪色的工具材料，对已形成的字迹模糊或者易褪色的归档文件应进行复制
同步性	电子文件应与对应的其他载体形式的文件材料一起归档，音像材料（包括照片、底片、录音带、录像带等）和实物应与文字说明一起归档
系统、规范	针对文书、音像、实物 、会计、工程等不同类型与性质的文件制定不同归档规则及制度
配套完备	应配备适宜的档案用房和设施，应该符合防盗、防光、防火、防尘、防鼠、防虫等标准及要求

请根据以上归档要求和步骤，对2008年北京奥运会需要归档文件进行范围划定（可选取一类撰写）。

赛事的文件归档

项目四　赛事工作总结

赛事工作总结包括对赛事的总结和评价，细致分析和研究赛事的整个过程及重要的阶段，并从理论上论证和系统整理的相关系列工作。这一重要环节可以指导未来同类赛事的组织工作，为其提供组织工作经验及方法和建议，还可以为新闻媒体服务，通过新闻媒体的报道宣传赛事所取得的成效，推广体育赛事，为未来的体育赛事的组织打下良好的基础。

赛事工作总结和其他项目的工作总结一样，其形式是自下而上的，从基层做起，直达顶层。赛事工作总结一般分为三个步骤：首先进行个人总结，其次进行各部门工作总结，最后由组委会在此前工作的基础上进行综合性工作总结。三个环节的具体内容如图8-1所示。

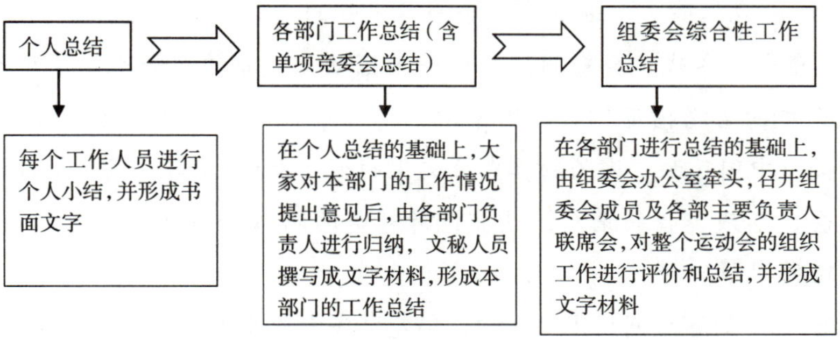

图8-1　赛事工作总结具体内容

拓展阅读

赛事工作总结的内容一般包括四个部分：

（1）基本情况，包括赛事的时间、地点、规模、比赛项目、主办及承办单位、竞赛成绩。

（2）主要经验，总结赛事组织工作中的突出特点、工作成绩等。

（3）存在问题，描述赛事在工作中的欠缺方面，还要分析出问题出现的原因。

（4）提出建议，根据本次赛事的经验教训，对下次类似赛事的举办提出建设性意见。

《关于申办国际体育活动报批程序的规定》第八条规定：“经国家体育总局批准举办的国际体育活动，运动项目主管单位须在活动举办后1个月内向国家体育总局提交总结报告。”

工作报告案例分析

思政园地

“后奥运时代”，这些遗产继续为你绽放

2022年北京冬奥会和冬残奥会（以下分别简称为冬奥会、冬残奥会）虽已落下帷幕，但运动员们在冰雪上驰骋的风姿还历历在目。冬奥会、冬残奥会的结束，并没有消减人们对冰雪运动的热情——越来越多群众走上冰场和雪场，感受冰雪带来的乐趣；游客们打卡“双金”诞生地首钢园，一睹首钢滑雪大跳台的风采。

北京作为世界上第一个“双奥之城”，冬奥会、冬残奥会的举办留下的场馆、基础设施和文化产品等大量奥运遗产，将成为一座城市的宝贵财富。《2022年政府

工作报告》提出，要用好北京冬奥会、冬残奥会遗产，发展冰雪运动和冰雪产业。如何做好奥运遗产的传承和再利用，成为一道考题。

奥运场馆不退役："雪如意"下是万人体育场

"在'雪如意'旁边不远处有一条亮着光带的山脊，那就是万里长城，真是太酷了！"冬奥会、冬残奥会期间，一位美国运动员发布的视频获得了几十万点赞。在河北张家口的古杨树场馆群，国家跳台滑雪中心"雪如意"矗立山林之间，尽显东方神韵、中国气派。因为独具东方文化的形态设计，"雪如意"火遍海内外。

冬奥会、冬残奥会结束后，这些设计精美的场馆如何利用，是每个主办城市都需要面对的问题。

"'雪如意'的赛后利用主要方向，仍是服务专业赛事和运动员训练。"冬奥会、冬残奥会张家口赛区总规划师、清华大学建筑学院院长说，秉持着可持续发展理念，"雪如意"在设计之初就考虑了赛后利用问题，其下方被设计成一个足球场，观众席容量可达1万人，对于普通市民来说，也可以在这里举办活动、观看比赛。国家速滑馆"冰丝带"可以满足多项冰上运动需求，可实现3000人同时上冰，为专业运动员、普通运动爱好者和青少年培训提供场地。

目前来看，大部分场馆都将在赛事结束后持续运营和对群众开放。2008年北京奥运会场馆设施"鸟巢""水立方"等赛后大部分时间都在举办文体活动。此次冬奥会、冬残奥会，"水立方"变"冰立方"，五棵松体育馆从篮球馆变冰球馆，这些场馆得到了再次利用。

带动文旅产业："雪飞天"成热门打卡地

冬奥会、冬残奥会闭幕后，有"雪飞天"之称的首钢滑雪大跳台并不会按照"国际惯例"被拆除，而是将被永久性保留和使用。这个由工业遗存改造而来的园区，成为奥运主题旅游线路的重要一站。继"鸟巢""水立方"之后，"雪飞天"成为"双奥之城"北京的又一奥运地标。

让奥运文化、冰雪文化深入人心，是冬奥会的重要成果之一。"雪游龙""雪飞天""雪如意"等承载着中国元素的冬奥场馆，见证了中国文化走向世界，冬奥标识、冬奥歌曲、影视作品，以及爆火的吉祥物文创产品，成了有影响力的冬奥文化产品。音乐作品《燃烧的雪花》、纪录片作品《冰雪道路》、冰上舞剧《踏冰逐梦》等将中国传统文化、奥林匹克文化、冰雪文化创造性融合，向世界讲述中国与奥运的故事情缘。

助力城市发展：文化设施拓展休闲空间

2022年3月13日晚，在延庆区冬奥城市文化广场，火炬台的火焰与主火炬同步缓缓熄灭。这个"大雪花"将作为奥运遗产永久保留在广场中，为人们讲述冰雪运动和冬奥会的故事。冬奥会、冬残奥会期间，这座名为"长城之光"的火炬台吸引大量市民和游客前来参观，大屏看比赛、冬奥知识展览、赏文艺演出、体验冰雪运动、非遗互动……通过一系列丰富多彩的活动，北京各区的冬奥文化广场也成了市民感受冬奥气氛的新场所。当前，全国已建设了43个冬奥文化广场。

冬奥社区里，健身广场、健身步道上锻炼的群众来往不绝，运动爱好者们自发组建的轮滑队、晨跑队带动了整个社区的体育文化氛围。在崇礼华侨冰雪博物馆，华侨华人与奥林匹克的故事打动了前来参观的游客，该场馆赛后也将持续开放。北京冬季奥林匹克公园、延庆奥林匹克园区、张家口崇礼奥林匹克公园将成为全民体育文化休闲胜地。

（资料来源：《光明日报》，2022年3月20日，有修改）

◎ 案例简析

武汉市参加第十四届全运会备战参赛工作总结会召开，立下“小目标”：催生“武汉造”奥运冠军

2021年11月11日上午，武汉市参加第十四届全运会备战参赛工作总结会在武汉市体育局召开。武汉市体育局相关领导表示，第十四届全运会已经成为历史，武汉竞技体育已步入新的周期，踏上新的征程。而在新的周期里，武汉体育将把“打造真正属于武汉的奥运冠军”定为一个重要目标。

在2021年9月底结束的第十四届全运会上，武汉市直属运动队以及输送运动员在羽毛球、游泳、赛艇、篮球、射击等项目上收获了7金、2银、5铜，圆满完成了赛前湖北省体育局提出的目标任务，为湖北代表团实现“全运进十”目标贡献了“武汉力量”。

走下领奖台，一切从零来。总结会上，武汉市体育局号召各直属运动队、各区文体局和所有相关单位，发扬本周期的成功经验，吸取教训，总结不足，将“竞技体育全力争金”视为体育部门的核心职责。

第十四届全运会上，武汉体育在多个项目上取得历史性突破。武汉运动员的优异表现也给尽快重现“武汉造”奥运金牌带来了信心。“希望在新的周期，武汉体育人能够坚定信心，锁定周期目标，为国家、为湖北争光，为武汉添彩。”武汉市体育局相关负责人最后表示。

参赛工作总结是整个赛事活动最后的一环。总结分两方面，一方面是外部的，通过总结赛事活动举办所达到的效果，更深入地了解市场，了解周边环境，及时调整经营策略，调整管理路向；另一方面是内部的，可要求各下属部门分别就赛事活动进行总结，针对他们在活动中的表现以及出现的问题做出综合性评价，奖

励表现好的、作出贡献大的部门和人员，惩罚那些做得不到位的和出问题的人员，从中发现在运作过程中的缺陷和漏洞，制订相应的制度和规则去纠正缺陷和堵塞漏洞，以促进城市体育水平和体育产业的进一步发展。

对赛事运作管理工作进行全面评估总结，是体育赛事收尾阶段中最重要的工作之一，这既是对体育赛事运作管理各方面工作的整体回顾，也是对取得的成绩的肯定、对经验的探讨以及对教训的剖析，其最终目的是促进运作机构的专业化水平及机构成员素质的提升，使下一届赛事或者其他相似活动的组织工作更上一层楼。

（资料来源：《长江日报》，2021年11月11日，有修改）

解析

思考

为什么说赛事工作总结非常重要？

实训项目

赛事总结中各职能部门总结内容的侧重点是不一样的。例如，竞赛部门的总结重点是竞赛组织水平，技术官员的工作水平、业务能力、执法和监督水平，场馆器材等竞赛物质条件的质量，竞赛工作和其他方面的协调、配合能力及水平等；而市场开发部门的总结应该是赛事市场开发工作总体计划及方案的执行情况，对人员配置、经费管理、后勤保障等各方面进行全面系统的总结，总结教训和传授经验。

解析

请参照以上内容，总结撰写赛事工作总结需要注意的几点内容。

撰写赛事工作报告

参考文献

［1］田麦久. 运动训练学［M］. 2版. 北京：高等教育出版社，2017.

［2］王守恒，叶庆晖. 体育赛事管理［M］. 北京：高等教育出版社，2007.

［3］姚瑶. “村BA”：观察中国式现代化的一个窗口——台盘村乡村振兴故事［M］. 贵阳：贵州民族出版社，2023.

［4］刘清早. 体育赛事运作管理［M］. 北京：人民体育出版社，2006.

［5］陈林祥. 体育市场营销［M］. 北京：人民体育出版社，2013.

［6］高兵，郭彬. 体育活动策划与管理［M］. 北京：化学工业出版社，2016.

［7］沃克. 人力资源战略［M］. 吴雯芳，译. 北京：中国人民大学出版社，2001.

［8］董克用，叶向峰. 人力资源管理概论［M］. 2版. 北京：中国人民大学出版社，2007.

［9］樊智军. 体育赛事组织与管理［M］. 北京：人民体育出版社，2007.

［10］石岩. 我国优势项目高水平运动员参赛风险的识别、评估与应对［M］. 北京：北京体育大学出版社，2005.

［11］周三多，陈传明，贾良定. 管理学：原理与方法［M］. 6版. 上海：复旦大学出版社，2014.

［12］沈建明. 项目风险管理［M］. 3版. 北京：机械工业出版社，2018.

［13］纪宁，巫宁. 体育赛事的经营与管理［M］. 北京：电子工业出版社，2004.

［14］杨铁黎，李良忠，陈文倩. 商业性体育赛事风险管理［M］. 北京：北京体育大学出版社，2010.

［15］杨倩. 体育财务管理［M］. 上海：同济大学出版社，2016.

［16］王家宏，熊焰，石岩. 体育竞赛学［M］. 北京：高等教育出版社，2019.

［17］周旭. 体育竞赛指南［M］. 北京：人民体育出版社，2014.

［18］国家体育总局. 迈向体育强国之路［M］. 北京：人民体育出版社，2019.

［19］王亚琼. 运动竞赛学［M］. 北京：北京师范大学出版社，2009.

［20］肖林鹏，叶庆晖. 体育赛事项目管理[M]. 北京：北京体育大学出版社，2005.

［21］秦巍峰. 学校体育活动中风险管理策略分析［J］. 产业与科技论坛，2008（4）：200–201.

［22］徐刚，田麦久. 全运会竞赛管理模式与特征研究［J］. 体育文化导刊，2009（10）：22–28.

［23］霍传颂，郝勤，郝爽. 地缘政治视域下中国参与亚运会历程中的重要议题及杭州亚运会的时代成就［J］. 武汉体育学院学报，2024，58（1）：13–21.

［24］王守恒，刘海元，叶庆晖. 体育赛事运作的基础理论研究［J］. 首都体育学院学报，2006（6）：18–21.

［25］王子朴，杨铁黎. 体育赛事类型的分类及特征［J］. 上海体育学院学报，2005（6）：24– 28.

［26］王守恒，叶庆晖. 体育赛事的界定及分类［J］. 首都体育学院学报，2005（2）：1–3.

［27］陈文菁，唐静. 试论现代激励理论与体育竞赛管理效应［J］. 福建体育科技，2001（4）：7–9.

［28］宋均，魏军. 奥运会的效益分析与商业运作［J］. 首都体育学院学报，2001（1）：8–11.

［29］邓晟. 报纸报道重大体育赛事的策略［J］. 广州体育学院学报，2000（3）：123–126.

［30］徐昱玫. 大型体育赛事的竞赛组织探究［D］. 上海：上海交通大学，2007.